運命を味方につける

Princess Manners

プリンセスマナー

西出ひろ子

Hiroko Nishide

河出書房新社

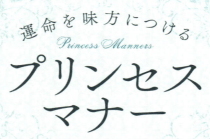

はじめに

先日、テレビの情報番組で、女性たちに「ディズニーの物語で、どれが一番好きですか？」と街頭インタビューをしていました。その結果、ダントツ1位は、「シンデレラ」。どんなにいじめられても、みすぼらしい服装をしていても、シンデレラは、常に優しく思いやりがあり、妬むこともない、美しい心の持ち主だったからこそ、素敵な王子様と出会い、幸せなプリンセスになりました。

私たち女性は、いくつになっても、プリンセスに憧れ、誰もがシンデレラ・ストーリーを夢見ます。

私は思うのです。夢は夢で終わらせない。夢は現実にするものだ、と。

私は、21歳のときにマナー講師になることを夢見て、その目標に向かって歩み続けました。今でもマナー講師といえば、航空会社の客室乗務員をご経験なさった方々が多いのですが、私は、30年前、当時、国内に3社あった航空会社の客室乗務員の就職試験をすべて受けましたが、全滅。

それでも夢を諦めずに、27歳のときにマナー講師として独立いたしました。しかし、マナー講師としての仕事はすぐにはありません。派遣社員として生計を立てながら、29歳でマナー一筋の完全独立を果たしました。

ところが、その後も仕事はうまくいきません。仕事がうまくいかないときは、プライベートもうまくいかない……(逆もいえることがありますね)。私は、何もうまくいかない日本から逃げるように、31歳のときに、イギリスのオックスフォードへと旅立ちました。そこで、思ってもみない様々な幸運に恵まれました。そのひとつが、当時、オックスフォード大学大学院の遺伝子学研究者と現地で起業をしたことです。

英国で多くの素敵な方々と出会い、普通では体験できないさまざまな場所へご案内いただきました。また、上流階級の皆様にもお世話になり、数々の貴重な経験をさせてもらいました。そして、当時、ロンドンで仕事をしていた日本人男性と結婚もしました。私にとってイギリスは、私をシンデレラ、プリンセスにしてくれた故郷です。

ちなみに、私の英語力は中学一年生レベルしかありません。

本書を手にしてくださった貴女は、きっと、シンデレラのように幸せになりたいと思っていらっしゃるでしょう。そして、マナーを身につけ、エレガントな女性になって、プリンセスのような生活をしたい、と。

そうです。プリンセスになりたいのなら、ぜひエレガントな女性になってください。

では、エレガントな女性とは、どのような人をいうのでしょうか。

「エレガンス」という言葉の語源は、ラテン語のelire（選ぶ）です。すなわち、エレガントな女性とは、自分で人生を選ぶ、選択していく女性をさします。私は、英語が得意でなくても、31歳でイギリスに行くという選択をしたことで、宿命を変えました。生まれ持った宿命を変えたければ、自ら選択をして行動することです。エレガントな人は、決して他人のせいにしません。自分で自分の言動に責任をもち、後悔をしません。そして、宿命が変われば、運命が貴女の味方についてくださいます。

運が良い人は、天からのご褒美をいただいている人だと思います。シンデレラはなぜ、白馬の王子様と出会えて幸せなプリンセスになれたのか？　彼女は常に、思いやりの心をもって、自分よりも相手を優先し、清く純真な心で、お掃除などをおこなっていましたね。その気持ちと姿を天はしっかりと見ていてくださっているのです。

私のお伝えするマナーは、〝相手の立場に立つ〟ことです。相手様を思いやる心、気持ちを、言葉や行動、服装などで表現をし、周囲の皆様とともにハッピーになること。これを真のマナー、〝真心マナー®〟といっています。

おかげさまで、この真心マナー®は、日本国内はもとより、海外でも共感いただけ、私は、２００３年の処女作から、この15年間で、80冊以上のマナー本を出版し、テレビ番組には２００本以上、新聞などの他メディアには、５００件以上の取材や監修などのご依頼を頂戴し、出演しております。また、ＮＨＫの大河ドラマやスペシャルドラマなどのドラマや映画のマナー監修のご依頼もいただき、有名俳優や女優の皆様へのマナー指導も多数おこなっています。

さらには、日本初のマナーコンサルタントとして、大手企業などの人材育成や営業、接客、接遇指導に入り、数々の企業のお客様満足度No.１のタイトル獲得に貢献し、型だけではない、マナー教育と人財育成のご用命も世界中から頂戴しています。また、近年はメディア媒体から、マナー評論家・マナー解説者としてのコメントを求められることも多くございます。

何もかもうまくいかなった私が、本書でお伝えする真心マナー®を実践したことで、これらの実績を残せる人になれました。

貴女が、本気で「シンデレラのようになりたい！」と思っているのであれば、本書に書いてあることをぜひ、実践してみてください。シンデレラやプリンセスにただ憧れているだけでは、何も変わりません。今の自分から、ワンランク上の自分にバージョンアップをしたいと思うのであれば、憧れの女性がいるのなら、その人のようになれるように、努力をします。しかし、努力をするだけでも、なりたい自分、目指す女性にはなれません。信じるのです。

私は、「シンデレラになる」「プリンセスになる」のだと。

イギリスでは、内面も外面も美しい人のことを、真に美しい女性だとして、"She likes an English Rose."「彼女は、イングリッシュローズのような人だね」と、英国のバラにたとえて褒めます。世界中の人々から愛されてこの世を去った、故ダイアナ妃も、"English Rose"といわれていました。シンデレラも"English Rose"ですね。

本書では、私が英国で実際に体験したエピソードなどを交えながら、貴女が貴女にとって最幸《さいこう》のシンデレラ、プリンセスになるために必要な心の持ち方や実践すること、話し方などをお伝えします。また、日常生活のなかで、知っていると困らない、余裕をもって対応できるテーブルマナーや慶弔の最新マナーなどもお伝えしています。

さぁ、私と一緒に、真のマナーを身につけて、愛されプリンセスの世界へまいりましょう。

貴女のシンデレラ ストーリーは、真心マナー®から始まります。

目次

Lesson 3

美しいプリンセスの食事のマナー
洋食・和食・中国料理・アフタヌーンティー

洋食編

和食編

Lesson

4

気遣いに満ちたプリンセスのお付き合い・しきたり・行事

Lesson 5

ハッピーを循環させるプリンセスのコミュニケーション

Column

Lesson 1

愛にあふれたプリンセスの基本の所作

微笑みは相手を思いやる心の表れ

表情には、その人の内面が表れます。貴女の表情は、貴女の内面、心を表しているのです。もし、貴女が微笑んでいる人と無表情の人、口をへの字に歪ませている人と会ったとき、貴女はどちらの人に心をひらき、最初に挨拶をするでしょうか。どちらの人に好感をもち、お友達になりたいと思うでしょうか。そうですね。きっと、微笑んでいる人となら、目を合わせて、萎縮することなく、ご挨拶ができると思います。

愛される人は、相手を萎縮させたりしません。皇室や王室のプリンセスたちが、国民に向かって微笑んで挨拶をしてくださると、とても幸せな気持ちになりませんか。プリンセスたちは、常に、他者への深いお心、愛を微笑みで伝えているから、輝くオーラを放ち愛されるのです。また、赤ちゃんの微笑む顔を見ると、自然に幸せな気持ちになりますね。それはプリンセスも赤ちゃんも、内面が澄んでいるからです。

よく、良い表情というと、「笑顔を作りましょう」といわれているようですが、作り笑顔は、本物の表情ではありません。そしてそれは、人や動物、植物たちの心には響きません。

相手の心を動かせる人は、心と表情が一致しています。それは、相手様を思う気持ちがあるからこそ、どんな辛いことがあったとしても、人前ではいつも、作り笑顔ではなく、微笑んでいるのです。

相手を安心させるアイコンタクト

私が31歳で単身、イギリスのオックスフォードに行ったとき。当時の私は、仕事も上手くいかない、彼氏もいない、挙げ句の果てには、父の自殺、家族離散という、何ひとつ良いことがなく、心は幸せの栄養失調状態でした。

このような状況でしたから、到底、目を微笑ませることもできないはず。しかし、オックスフォードでは、ホームステイ先の家族や、道行く見知らぬ人、コンビニエンスストアや、スーパーなどのお店の人、英会話の先生などなど、人の存在があるところには、必ず微笑みのアイコンタクトがありました。

そのおかげで、どんどんと微笑みの栄養が心に吸収され、「この先、私の人生、どうなるの？」という不安だった気持ちが、いつしか安堵感に満たされていました。

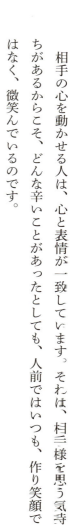

日本にはもともと、アイコンタクトの習慣はありません。目を合わせることは無礼だといわれていた時代もあったほどです。時代劇などを見ると、天皇や貴族、将軍などの目上の人の前では、みんな頭を下げ、目線も下にありますね。

このような背景もあり、日本人はアイコンタクトに苦手意識をもっている人、相手の目を見ることが恥ずかしいと思う人も多いように思います。しかし、時代は、グローバル。多民族と一緒に生活をすることの多い海外では、アイコンタクトは「私は貴方の敵ではありません」「安心してください」という表現をし合いながら、トラブルを軽減しようとしてきた、生きる上での知恵なのです。

私たち日本人も、海外に行く機会が増えました。また、海外からの訪日客も、年々増えています。それぞれに文化はありますが、アイコンタクトは、今や、グローバルコミュニケーションのひとつです。**相手を安心させ、さらには、心の栄養補給にもなるアイコンタクトで、幸せをつかんでください。**

微笑みレッスン

（考案 美道家 西出博子）

1. 鏡の前に立ち、
雑誌などで鼻から下を隠す

2. 目が微笑んでいるかチェック

3. 微笑みの瞳になるよう、
顔の筋肉を動かす

4. 納得のいく
微笑みの目になったら、
その状態をキープし、
顔全体を見る

5. 口角は自然と上がっている。
この感じを顔の筋肉（脳）に
記憶させる

＊「目は口ほどにものを言う」と
いわれています。

貴女の心が目に表れます。常に、澄んだ心、澄んだ目、清らかな心を意識しましょう。アイコンタクトをするときも、「目を微笑ませる」トレーニングが役立ちます。せっかくのアイコンタクトが「怖い」「感じが良くない」「嫌な人」など、マイナスな印象をもたれてしまわないよう、気をつけましょう。

そこにいるだけで絵になる立ち方・立ち姿

南青山にある私のマナーサロンでは、「プリンセスマナー養成講座」と称して、ロングドレスにティアラをつけて、歩き方やテーブルマナーを学ぶコースがあります。なぜ、ロングドレスとティアラを身につけていただくかというと、お姫様ドレスを着ることで、皆さんの姿勢が自然と良くなり、笑顔も自然で優しい微笑みになるからです。また、ティアラを頭の上に置いて、ティアラが落ちないようにまっすぐに歩く練習にもなります。実際のプリンセスたちも公式なパーティなどで、ロングドレスを着用なさることが多くあります。そして、ワルツなどのダンスもおこなったりするわけですから、姿勢良い立ち姿は必須となります。女性の美しい立ち方も、諸説ありますが、ゆらゆらとふらつくことなく、**凛として足先から頭まで、一直線にスラリと見せることが基本**といえましょう。

女性の基本の立ち姿は、左右のかかとをつけて、つま先もつける形と、つま先を45度ほど開く立ち方があります。男性の場合はかかとをつけてつま先は開いて立つため、女性のつま先は開かないほうが女性らしさを感じると思うので、私はそのようにしています。そして、両ひざと大腿骨もキュッと内側につけるように意識をして立つと、脚がスッキリと細く見えますから、テレビ出演のときや人前に立って講演をするときなど、いつもそのように意識をしています。しかしミスユニバースやドラマの指導など、時と場合に応じて、つま先は45度開くとしています。

日本には、「立てば芍薬《しゃくやく》、座れば牡丹《ぼたん》、歩く姿は百合《ゆり》の花」ということわざがあります。芍薬は、スラリとした茎の先に花を咲かせることから、女性の美しい立ち姿を表しているといわれています。一輪の芍薬をお部屋に飾って、その姿を見ながら自身の立ち姿を美しく魅せる意識をしてみるのも良いですね。

プリンセスの美しい立ち姿レッスン1（壁あり）

まっすぐの姿勢をキープするコツ

1 平らな壁の前に後ろ向きに立ち、かかと、ふくらはぎ、お尻、背中、両肩、両ひじ、後頭部を壁につける。

＊かかとはしっかりそろえて、壁につけ、つま先もそろえます（つま先は45度開いてもOK）。

＊ひざとひざを軽くつけます（つかない場合はO脚、つきすぎる場合はX脚）。

＊腰と壁の間は、手のひら1枚分の隙間を作ります。もし腰と壁の間に隙間がこぶし1個入るくらいあいているなら、反り腰（腰が後ろに曲がりすぎの状態）かもしれません。反り腰になるのは、腹筋が使えていないといえますので、鍛えることで改善されるでしょう。

＊骨盤は立てるように意識して、両肩をしっかりと壁につけます。

2 息を吸いながら、あごをやや引き気味にして肩の力を抜く。

＊あごを少し引くときには、あごと鎖骨の間に、小さめの風船をはさむようなイメージにすると、首がまっすぐに伸び、肩と頭は遠くなるため、首が長く見えます。バレリーナが上から吊られているイメージです。

3 この姿勢をキープしつつ、片足を一歩前に出す。もう一方の足も前に出して両足をそろえる。

この状態が、背筋が伸びて、まっすぐに立っている姿勢となります。この感覚を身体で覚えておきましょう。

プリンセスの美しい立ち姿レッスン2（壁なし）

1 かかととつま先をつけ、両ひざ、大腿骨を内側にキュッとしめる。
2 手と肩の力を抜き、指を伸ばし、中指をスカートの脇線に沿わせる。
3 頭を首から前に傾け、肩甲骨を内側に寄せる。
4 3の状態から、ゆっくりと頭をもとに戻す。

これが首の上にきれいに頭がのり、背筋がまっすぐになっている状態です。常に頭の上から糸で吊されているイメージです。

歩き方で育ちがわかる

英国オックスフォードで生活していた頃、日本では経験したことのない会員制のクラブや正装のパーティにお招きを受けて参加していました。まさに、これが本物の社交界です。そこには、とても素敵な女性と男性が集まります。何が素敵かというと、周囲への配慮、気遣いからなる微笑みの表情であったり、先手の挨拶であったり、立っているその姿だけでも絵になる方々ばかり。そして、**男性の格好良さと、女性の優雅さは、歩き方で決まる**ということも痛感させられました。

イギリスは現在も階級社会で、英語の発音や話し方、言葉づかいでもその人のバックグラウンドがわかるといわれています。特に社交界では、歩き方も大変重視されているのです。仮にロングドレスを着ていたとしても、その歩き方はひと目でわかるため、社交界デビュー前には、フィニッシングスクールに通ったりして美しい歩き方やマナーを習得します。当然のことながら、プリンセスはそのお立場にふさわしいエレガントな歩き方を身につけていらっしゃいます。

これは、女性に限ったことではなく、男性も同様で、それなりの階級のご家庭では、

10歳までに歩き方を含むひと通りのマナーを学ばせています。歩き方がここまで重要であるとは思ってもみませんでしたが、たしかに、ドラマや映画のマナー指導を依頼されるときには、俳優さんや女優さんに優雅に魅せる歩き方も指導します。ロングドレスを着たパーティシーンなどでは、なおのことです。

実は私自身、正しい歩き方ができておりませんでしたから、イギリスで同伴くださっていた仲間たちに、恥をかかせていただろうと反省しています。子どもの頃に、きちんと正しい歩き方を習得していれば良かったと思ったほどです。そこで私は、ロンドン在住で世界の王室や貴族の方々とも親交の深い臨床心理士の松田さと子先生に、美しく正しい歩き方を教わりました。すると、深く呼吸ができるようになり、体調も良くなったのです。おそらく、脳に送り込まれる酸素が増えたからでしょう。美しく正しい歩き方をマスターすることで、身体も気分もスッキリします。歩き方が、こんなに体調と密接に関係していることにも驚きました。

貴女もぜひ、美しく優雅に、そして、健康にもつながるプリンセスの歩き方をマスターしてください。

基本の歩き方

1 22ページでご紹介した基本の立ち姿をする。

2 片方の足を前に出し、着地する足の上に腰と上半身をのせていく感じで重心を移動する。

＊足だけを前に出すのではなく、腰から上半身を一緒に前進させることがポイント。

ハイヒールで美しく歩くコツ

1 自分の前に1本の線があるとイメージし、かかとから親指に向かう骨がその線上を通るようにする。

＊ポージングから動き出すときは前になっている足（重心のかかってない足）からスタートさせます。

2 右足からスタートする場合、右ひざを上げたとき力を入れずに足首を伸ばし、床から2センチくらい浮かせる。

3 そのまま、足首を曲げずに、線の2センチ上を親指が通るように前へ出す。このとき、ひざの位置は動かさず、ボールをゆっくり蹴るようにつま先までピーンと伸ばす。

4 足を移動させるとき、女性は、ひざとひざをすり合わせるように、ひざとひざの間に空間ができないよう動かすとエレガント。

5 着地するときは、7センチ以上のヒールの場合には、つま先とかかとを、同時に着地させる。3センチくらいのローヒールの場合は、つま先の裏が見えすぎない程度に、かかとから着地させる。

6 左足（後ろ足）は、拇指球で床を押し、右足（前足）に腰から上の体重を全部のせて移動させる。

手の振り方

1 人差し指と親指の面が正面に見えるようにする。このとき、手のひらが見えすぎないように注意。

2 右足（前足）側のお尻をなでるようなイメージで体の後ろ側に手を引く。手のひらは身体側に向け、小指をお尻の中心に近づけるように移動させる。

＊手を大きく振りすぎると、手に注目がいくのでNG。手は、身体より前に振ろうとしないことがポイント。前と後ろの振り幅が1対2になるようにします。パンツスーツの場合、横のラインより後ろの場所で手を振れているとエレガントです。

プリンセスの階段の上り方・下り方

広くおしゃれな階段から、プリンセスがドレスをまとい優雅に下りてくるシーンは、女性であれば誰もが憧れますね。また、素敵なプリンスに手をとられ、一緒に階段を上っていくシーンは、まさに、天にも昇る気分になります。日本でも、結婚式場などでよく見かける光景です。

日常で、貴女もプリンセスになれるシーンはたくさんあります。それは、結婚式などに限らず、駅構内や職場かもしれません。そういう場所でも、プリンセスの歩き方や、階段の上り方・下り方をマスターしていれば、周囲から一目おかれる女性になれます。そんな貴女を白馬の王子様が見逃すことはないでしょう。

階段の上り下りも、基本姿勢は22ページのとおりです。そして、ポイントは、目線です。目線は、まっすぐにしたままで、足元を見ないのがプリンセスです。そして、表情は微笑みをキープです。上るとき、かかとを階段から外している人を多く見かけますが、それだとヒールを履いているときなどに安定しないので、段には、かかとまでしっかりと着地させてかまいません。グラグラと安定せずにふらついてしまうのがもっとも危険です。転倒などの事故にならないよう、安全第一で、かつ、美しく上り下りしましょう。そのためには、安全に美しくヒールを履きこなす筋力を脚につけることも大事なことです。「プリンセスは一日にしてならず」。日々の意識と努力が貴女をプリンセスへと導いてくれるのです。

美しく歩く・上る・下りるための筋力トレーニング

（指導　松田さと子先生）

1 はだしになって、つま先立ちをする。

2 脚の筋肉を内側にぎゅっと寄せる。外側に筋肉が寄るとO脚になってしまうので気をつけて。

3 片方のひざを曲げて90度、上げる。

4 その足をそのままひざも足首もまっすぐに前に下ろして一歩進む。このとき、腰から上半身も一緒に重心を移動させる。

5 目線は遠くに、前傾にならない、上半身が揺れないように気をつける。

6 両足はずっとつま先立ちをしたまま。

7 次に反対の足を同じようにひざを曲げて90度持ち上げ、前に下ろす。

8 この一連の動作を繰り返す。

＊常に床と曲げたひざが垂直になるように意識することがポイントです。

このトレーニングは、お家の中でできます。朝のラジオ体操代わりに、夜のエクササイズとして、毎日、3歩ずつでもいいので、続けてみましょう。そうすると、体のバランスが良くなると同時に、心のバランスもとれ、すべてが良い循環になるのを実感できます。

美脚に見えるプリンセスの椅子・ソファの座り方

ゆったりとしたソファで、ひざ下から美しく流れるような御々足に見とれたことはありませんか。私はもともとO脚で、足首のくびれもなく、中学時代には、「ゾウさんの脚」と言われていました。しかし、今までお伝えしてきた姿勢や立ち方、歩き方などのトレーニングをおこない続けて、50歳を過ぎた今ではO脚も改善されました。**常に、脚の内側に筋肉を寄せることを意識することで、美脚になれます。**また、テレビ番組などに出演する際や写真を撮られるときなどにも、エレガントな動作になるよう脚を美しく魅せるように工夫をしています。

まず、椅子は左から出入りします。椅子はもともと西洋からきたものです。剣は左腰にさします。そこで、剣をさしたまま椅子に座るときに、右から椅子の前に立つと剣が邪魔になります。左から入ればスムーズです。マナーは、相手を傷つけることなく、その場を円滑にするもの。そこで、椅子という相手を傷つけることなく、スムーズに椅子に座るためには、左から出入りするのがマナーとなったわけです。晩餐会など、長テーブルでお食事をするときなども、みんながこのマナーを知っていれば、お隣の方とぶつかることもありませんね。

このように、マナーは周囲の皆さんとトラブルを起こすことなく、美しい調和を創造します。そしてその座り方にもプリンセスのように美しく軽やかに魅せる動き方があります。この動作は、プライベートシーンはもちろんのこと、仕事中や、就職や転職、お子様のお受験などの面接時にも役に立つでしょう。

椅子の座り方

1. 椅子の前に立ち、右足を引いて土踏まずを左足のかかとにつける。
2. 腰から頭の先までをまっすぐにして、腰から座面に下ろしていく。
3. 座面の2分の1から3分の2の深さに腰を下ろしたら、右足の内側と左足の内側をぴったりつけてそろえる。
4. 椅子に座るときには、床につけた足からひざまでは垂直にまっすぐ立てる。ひざ

は90度に曲げる。

＊どすんと背もたれにもたれるように座らないこと。腰から上の上体は、常に、床に対して垂直であるようにキープ。上体をキープしつつ、腰からゆっくりと座ります。手は、指をきれいにそろえて太ももの中央で重ねておきます。右手の甲の上に左手を重ねても（男手）、左手の甲の上に右手を重ねても（女手）、どちらでもかまいません。

椅子の立ち方

1 座った状態から、右足を引いて土踏まずを左足のかかとにつける。

2 腰から頭の先までをまっすぐにしたまま、半歩引いた右足に重心を置き、勢いをつけてスッと立ち上がる。

3 右足を左足にぴったりとつけ、脚の内側に意識をおき、両ひざ、大腿骨をキュッとしめるイメージで、美しく立つ。

＊「よっこいしょ」などと言いながら立ち上がっては台無しです。立ち上がるときは、前屈み・猫背にならないように注意しましょう。

わざとらしくならない自然な脚の流し方

ソファなど低い高さの椅子に座ったときには、足を垂直に立てると座りにくいため、横に流します。ただし、あまり流しすぎないように。無理のない範囲で少し流すだけでも、座りやすく、見た目も女性らしく見えます。

基本の脚の流し方

両ひざと左右のつま先とかかとをピッタリとつけた状態から、左右のいずれかに流します。このとき、流す方向にある脚（右に流す場合は、右脚）はやや前に、もう一方の脚は、半歩後ろに引いた位置にします。両ひざと足先は必ずつけます。

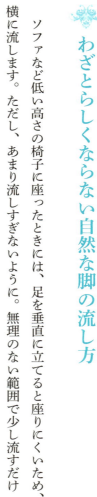

アレンジ

左に脚を流す場合は、左脚を左に流すと同時に、右足の土踏まずを左足のかかとにつけ、左右の脚を同時に左に流します。無理なく流した位置で静止させ、前から見たときに、1本の脚に見えるような意識をもちます。流した脚は、ソファ（椅子）側に引かずに、前に出したほうが美しく見えます。

手の位置

手は、指をきれいにそろえて、太ももの中央で重ねるのがスタンダードな位置です。また、脚を流した側の太ももの上で重ねると、全体的に流れる印象となり女性らしさを感じさせます。一方、流した側と反対の太ももの上で手を重ねると手の位置が目立ち、強いイメージを与えます。そのときの状況や話の内容に応じて、手の位置を変えてみることで、貴女の気持ちを表現し、相手に与えたい感情へと促すことができます。

リラックスしていることを伝えるプリンセスの脚の組み方

現代はそうではないのかもしれませんが、私が子どもの頃は、小学校などでも、脚を組むことは、行儀が悪いと言われて育った記憶があります。しかし、社会に出てホテルのラウンジやカフェなどで脚を組んでいる女性を見ると格好いいなと憧れ、20代、30代の頃は脚を組むことが習慣になっていました。さすがに、マナー講師という仕事柄、仕事中は控えていたと思いますが。31歳からの約5年間のイギリス生活でも、ロンドンやオックスフォード、パリなどのカフェで、脚を組んで恋人や友人たちと談笑している女性たちを見ると、なんて素敵なんでしょう！と胸を躍らせていました。

ある日、イギリス人の友人たちとカフェで紅茶を飲んでいるとき、私は言いました。「男性も女性も、一緒にいる相手に向かって脚を組んでいるけど、人様に足を向けるのは、失礼なんじゃないの？」と。すると、友人たちはこう言いました。「脚の組み方で、その人たちの関係性や、バックグラウンドがわかるんだよ」と。どういう意味なのかさらに訊くと、組んでいる脚を一緒にいる相手に向けている場合、それは、親しい間柄であることを意味するそうです。ですから、恋人同士、夫婦であればそうしているとのこと。日本人の考え方と真逆であることに驚きました。

脚を組むというスタイルは、もともとは、椅子に座る文化の欧米から入ってきたものです。これは、リラックスしていることを伝えるサインの意味があります。ですから、先にお伝えした親しい相手に組んだ脚を向けるということは、「気持ちは、あなたに向かっていますよ」という表現なのでしょう。

一方で、イギリスでも、相手や場所によっては、人前で脚を組むことは、不躾で無礼であると考えられていることも事実です。特にヴィクトリア期のイギリスでは、レディは、脚を組んではいけないと教育されていたそうです。現代ではそういう教えは一般的にはなくなっているようですが、イギリス王室の女性は今でも脚を組むことは許されていないとのこと。どうしても脚を組みたいときは、足首と足首を交差させるまで、となっているようです。今年、イギリスのヘンリー王子とご結婚なさったメーガン妃が、ご結婚前に脚を組んでいらっしゃるお写真などを撮られ、王室に入る人としてのエチケットに関しての報道もありました。

王室に入るということは、脚を組んではいけないなどさまざまなルールがあり、窮屈な感じもしますが、プリンセスはそれを窮屈と捉えることなく、相手や状況、立場などに応じた配慮、すなわち、マナーであると考え、それを実践しているわけです。プリンセスの美しさは、やはり、相手を慮《おもんぱか》る気持ちからなるものなのですね。

先日、ハーバードビジネススクールをご卒業なさり、ビジネスで大成功し、世界の王室や貴族の方々とも親交のある日本人男性とお話をしました。彼は、現在でも、ハーバードビジネススクールの面接官などもされており、面接を受ける人が脚を組んで話をしても、何らマイナスにはならないと教えてくださいました。日本ではあり得ない話ですね。特にアメリカでは、脚を組む、組まないより、いかに仕事ができるか、仕事に対し、どのような考えをもっているのか、というほうを重要視するようです。脚の組み方ひとつをとっても、その国や、状況などによって、捉え方は異なります。

いつどこで、誰といるときに、脚を組むかどうかを決めること。それがエレガントな脚の組み方ですね。脚を組むときには背もたれにもたれないように気をつけましょう。リラックスしているというより、横柄な印象を与えてしまいます。

また脚を組むと、骨盤に歪みが生じるともいわれているため、身体のことを考えるなら組まないほうが良いようです。私はこのような理由から、40代からは組まないように意識をしています。

優雅さ漂うプリンセスの美しいジェスチャー

王宮のバルコニーから、車の中から、プリンセスが、私たちに手を振ってくださるお姿は、いつも優雅で私たちを幸せな気持ちにさせてくださいます。**私たちも、日常生活のなかで、プリンセスのように、人々をジェスチャーで幸せにして差し上げることができます。**

まず、常に意識しておくことは、指をそろえるということ。手は、私たちの身体のなかでは、比較的小さなパーツと思われますが、相手目線で見ると、大変目立つパーツなのです。手や指を動かすことで、相手の目線がいきやすいのですね。また、68ページでもお伝えしますが、手のひらや甲、指、爪のケアもしっかりとしておきましょう。

美しいジェスチャーのポイントは、動かす範囲です。なるべく、脇を開けすぎないと心得てください。パーソナルスペースといわれている範囲内でジェスチャーをすると、相手に威圧感や不快感などを与えることなく、貴女の美しさを表現できます。パーソナルスペースとは、他人に近づかれると不快に感じる空間のことで、パーソナルエリア、対人距離とも呼ばれるものです。これには個人差がありますが、親しい関係であればパーソナルスペースは狭くなります。公共の場や仕事関係者、初対面の人などに対しては範囲を広げたほうが無難です。パーソナルスペースは、最大にして、両手を広げた範囲内と心得ておきましょう。美しく見せるには、両手を広げた際に、肩から指先の3分の2までの位置で、指先を止めることです。

私がイギリスで生活をしているときによく見かけた光景は、手のひらを相手に見せて、手招きをするように、親指以外の4本の指を前に倒す形です。このときも手首は動かしません。とてもキュートな手の振り方で印象に残ります。ちなみに日本で手を振るときは、手のひらを見せますが、ギリシャでは、相手に手のひらを見せることは、「お前はバカだ」という意味となり、相手を侮辱していることになるので要注意です。以前、ギリシャの大統領が東京ディズニーランドにお越しになった際には、ミッキーマウスたちはみんな手を振らなかったそうです。

愛される 美しい女性《ひと》のジェスチャー

エレベーターの中へ誘導するとき

＊ すでに中にどなたかいらっしゃる場合
相手から遠いほうの手で、エレベーターのドアを押さえ、
「どうぞ」と中へお入りいただく。

＊ 中にどなたもいらっしゃない場合
「お先に失礼いたします」と言って、自分が先に入る。
操作盤の前に立ち、「開」のボタンを押し、もう一方の手で
ドアを押さえて、「どうぞ」と言って、お入りいただく。

車の運転中に、歩行者に先を譲るとき

歩行者に優しく微笑み、ハンドルの上あたりで、
手のひらを上に向けて、歩行者が進む方向に向かって、手を動かす。
歩行者が、お辞儀をしたら、こちらもお辞儀（会釈）をする。

扉（ドア）を開けて、建物や部屋の中に入るとき

後ろを振りかえり、どなたかが来ていたら、
扉（ドア）の持ち手を持ち、開けたままに。
相手様から遠い側の手で「どうぞ」と示して先に中に入っていただく。

**相手ファーストの気持ちを忘れずに、
行動で示してまいりましょう。**

Column

憧れの王子様のエスコート

イギリスで生活をしていた頃、私は自分でドアを開けたりすることがほとんどなかったように思います。特に男性のビジネスパートナーやクライアント、友人たちと一緒のときは、必ず彼らがドアを開けてくれて、軽く腰に手をあて、私を先に通してくれます。それは、エレベーターやエスカレーターに乗るときも同様です。

このように、日常の生活からエスコートされることに、はじめは戸惑いました。特に日本では、仕事関係者の場合は、必ず相手を優先させますよね。しかし紳士の国、イギリスをはじめ欧米では、仕事関係者であっても男性は必ず女性を優先します。

当時、オックスフォード大学を卒業し、シティで働いているエリート男性が「日本人の女性は奥ゆかしくて、礼儀正しいのは良いことだが、エレベーターなどで先に乗り込まないから、かえってそれは迷惑となる」と話してくれたことがあります。それを聞いた私は、「なるほどね」と思いました。

謙虚によかれと思っての言動が、ときとして周囲に迷惑をかけていることもある。周囲のみんなと調和し、美しいハーモニーを奏でるためには、今までの自分の思い込みや考え方を、一度白紙に戻して、臨機応変に柔軟性をもって対応することが真のマナー美人への近道となります。

「お先にどうぞ」とエスコートしてもらったら、恥ずかしがらずに背筋を伸ばし、堂々と、そして、にっこりと「ありがとう」と御礼を伝えましょう。すると、紳士である王子様は「どういたしまして。貴女が喜んでくれることが、僕の喜びなんだ」と返してくれます。

Lesson 2

誰からも愛される
プリンセスの装いのマナー

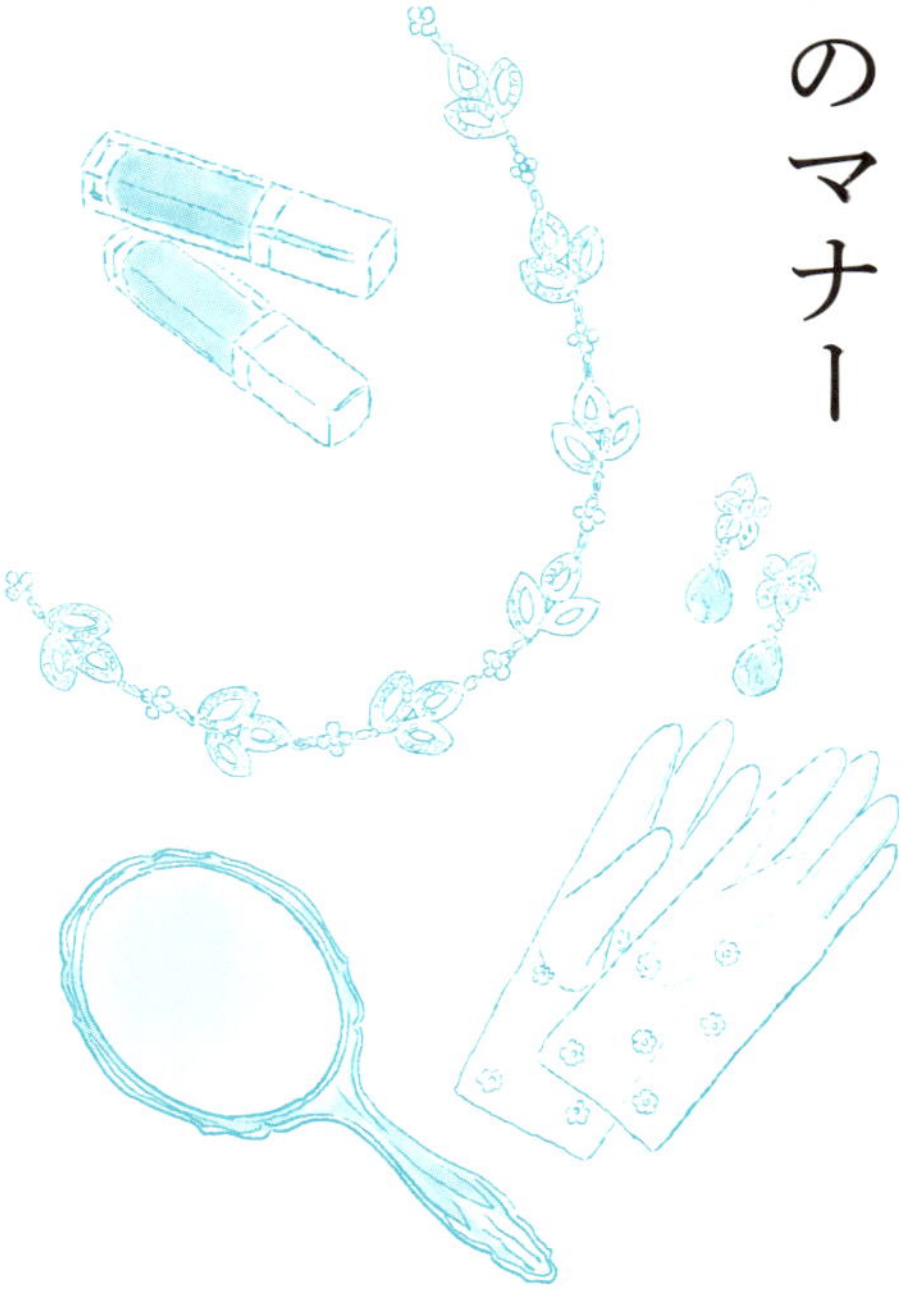

永遠の悩み「何を着ていこうかしら？」

パーティに招待された貴女。最初に考えることは、「何を着ていこうかしら？」ではないでしょうか。そうです。私たちは、日常生活のなかで、実は「何を着ていこうかな」と考えていることが多いのです。

TPOという言葉を聞いたことがあると思います。

これは、Time（時間）・Place（場所）・Occasion（場合）の頭文字をとって、「時と場所、場合に応じた方法・態度・服装などの使い分け」を意味する和製英語で、『VAN』というブランドメーカーの創始者である、石津謙介氏が発案なさったといわれています。

私は、マナーの観点から、このTPOに、もう2つのPをプラスして、マナーには、TPPPOが大事と言っています。プラスしたPは、Person（人・相手）とPosition（立場）です。ひと言にパーティといわれても、どんな人たちが参加し、どのような立場で参加するかで、装いは変わるからです。

例えば、結婚式に出席する場合も、親族という立場なのか、友人という立場なのかでは、その服装も変わりますよね。親族であれば、正礼装や準礼装となりますし、友人であれば、略礼装です。また、友人であっても、祝辞を述べるとなれば、準礼装でも良いわけですね。このように、服装などの装いは、TPPOに応じて変化するのが、真のマナーです。

招待状などに、ドレスコードという言葉が記載されていることがあります。以前、私は「ドレスコードなんて、いちいち面倒。自由な服装にしてほしいわ」なぁ〜んて思っていたときがありました。しかし、このようにドレスコードを明確にしてくれているほうが、何を着ていけばいいのか、悩まなくても良いという利点がありますね。会場に着けば、皆さんがそのレベルの装いをしているので、ひとりだけ浮いてしまった、というようなことになりませんから、ドレスコードを指定くださっているほうが、親切であるといえるのです。

洋装の場合、和装の場合それぞれの女性の服装の格付けについては次のページを参考にしてみてください。

女性の洋装の格付け

* 昼と夜で異なります。一般的に、昼は午前中から18時まで。
夜は、18時以降とします。ただし、冬は17時以降を夜とすることもあります。
* 昼はマット系のアクセサリーや生地（シルクや上質のウールなど）、
夜はキラキラと光るアクセサリーや生地（ラメ地やサテンなど）を用いるのが基本です。
* バッグと靴は布製が正式です。革製の場合は、殺生をイメージさせる毛皮や爬虫類系、ヒョウ柄などは避けます。ドレスやボレロも同様です。

第一（正）礼装

昼 アフタヌーンドレス

スタイル　長袖で、肌の露出の少ないドレス。ワンピースで、ロング丈が正式

バッグ　布製で小型のもの

帽子・手袋　ドレスとマッチさせる帽子のつばは広くないほうが格上

夜 イブニングドレス

スタイル　光沢のあるワンピースドレス。胸元、背中、腕を出す、ロング丈が正式

バッグ　ドレスや靴と共布・スパンコールや金銀糸などが入っている小型のもの

帽子・手袋　帽子はかぶらない・手袋はひじ上までの長いもの

第二（準）礼装

昼 セミアフタヌーンドレス

スタイル　肌の露出は少なめに。丈はひざ下5～8センチくらいか、ミディアム丈（ふくらはぎの中間くらいまで）

夜 セミイブニングドレス・ディナードレス

スタイル　セミイブニングドレスは袖なしか襟なしで丈は自由。長いほうがフォーマル度は高い。ディナードレスは襟なしで袖あり。丈は足の甲までのインステップレングスを基本とし、くるぶしまでのアンクルレングス、足首までのマキシも可

略礼装

昼 セミアフタヌーンドレス

スタイル　ひざが隠れる丈のワンピースやスーツ。パンツスーツはセミアフタヌーンドレスとなる

夜 カクテルドレス

スタイル　丈や袖の決まりはないが、多くはひざ丈。本来は夜8時頃までのドリンクが中心のパーティで着る略礼装。しかし、アフタヌーンドレスやイブニングドレスを簡略化した準礼装ともされる。昼のパーティから夕方、夜のパーティまで、幅広い時間帯で着てよい。 ボレロを着る場合は、薄くて透ける生地にレースやカットワークを施したり、豊富なカラーで自分なりの華やかさを演出できる。カクテルハットを着用するのが正式

女性の和装の格付け

＊和装は、奥深い詳細がまだまだありますが本書では、最低限知っておきたい情報をお伝えします。

第一礼装

黒留袖　民間の正装・既婚者の正装

色留袖　宮中の正装（宮中行事では、黒は喪の色とされているため、黒留袖は着用しないのが慣例）
・以前は既婚者の正装であったが、近年は未婚女性に着用されることが多い

振袖　主に未婚女性用の正装・大振袖、中振袖、小振袖があり、花嫁衣装などは大振袖。結婚披露宴に参列するときは，花嫁と同様の大振袖にはしないのがマナー。成人式などでは、中振袖が多い。なぜ、振袖は未婚女性用といわれているかというと、昔、袖の長い振袖で女性は男性を招き入れていたため

第二礼装

訪問着　未婚、既婚の区別なく，女性用の絵羽模様があるもの。紬で作られたものは、訪問着であっても正式な席には着用しない。紬は普段着

略式礼装

付け下げ　訪問着を簡略化したもの。絵羽模様ではない。儀式ではないパーティなどで着用。趣味性の強い柄付けの訪問着より、古典柄の付け下げのほうが、格は上となる

普段着

小紋・紬・浴衣など

本来の自分の魅力を引き出せれば幸せになれる

会ったその瞬間に、素敵な女性だと感じてもらえる要素のひとつに、装いがあります。装いのポイントは、ドレスコードを遵守していることは当然のこととして、その色合いや形状が重要です。

色や型は、流行や自分が勝手に思い込んでいる好きなものではなく、真に貴女自身に似合っているものを選んで、身につけることが大きなポイントです。そうしなければ、どんなに高価な洋服やアクセサリー、バッグを持っていても、本来、素敵であるはずの貴女を素敵に魅せることはできません。

私は、マナーの専門家になるべく、20代前半からさまざまな勉強をしてまいりました。なかでも、28歳のときから3年間、マンツーマンで週に1回、色の勉強をしたことは、その後の私の考え方、生き方を大きく変えるきっかけとなりましたし、色のもつパワー、エネルギーの凄さに敬服しています。

私は、マナーを軸に、その人の本来もっている素敵な要素を最大限に引き出し、活き活きと輝く人生になるよう、コンサルタントとしてサポートをし、結果を出しています。ある生徒さんの例をお話しましょう。

彼女は本来、スマートな（格好いい）クールビューティの素質をおもちなのに、なぜかいつも、フリルのついた可愛いイメージのお洋服や小物を持ち歩き、ピンクが恋愛運と結婚運を引き寄せると言って、洋服もバッグなどの小物もリップの色も、すべてピンクで統一していました。そのピンクも、さくら色のようなペールピンクならまだしも、少々キツめのショッキングピンクばかり。ご本人は夢を叶えるためによかれと思っておこなっていることでしたが、残念ながら彼女の望む恋愛や結婚は得られず、また仕事もうまくいっていませんでした。なぜならば彼女は本来の自分の良さを生かそうとせず、自分の好みや一般的にいわれている情報を重視していたからです。これは、相手中心のマナーではなく、自己中心的な行動で、本来の自分を生かしていない、自然の法則から外れていることをしていたわけですから、うまくいくはずがありません。

そこで私は、彼女に似合う色と形をお伝えしました。しかし、彼女は納得できないと言いました。そこで、一緒にお洋服を購入しにお店に行き、彼女が良いと思うお洋服と、私が見立てたお洋服を着比べ、本人と男性の店員さんと女性の店員さんに感想を伺いました。すると全員一致で私が選んだお洋服の色と形のほうが良いという結果になり、そこでようやく彼女は目を覚ましてくださいました。

似合う装い選びは、マナーなき自己チュウでは成功しないのです。自分自身が本来もって生まれた素質や、今の自分のエネルギーを知り、自分に合った色や形を身につけることが、他者を心地良くさせるのだという真心マナー®を素直に受け入れ、学ぶことが大切です。

その後、彼女はフリフリとショッキングピンクから離れ、自分に合った色と形状のお洋服をまとい始めたところ、まず仕事面で周囲からの評価が高まり、結果を出せるようになりました。そうして仕事が楽しくのってきたときに、仕事で知り合った会社社長から結婚前提のお付き合いを申し込まれ、めでたく結婚。現在は子育てをしながらご主人の会社を手伝い、幸せな人生を歩んでいます。彼女はいつもこう言ってくれます。**「ひろ子先生、今の私は、本当にシンデレラのように、幸せです！」**と。

現在もご主人様のお仕事の関係で、ＶＩＰが集まるパーティなどに一緒に出席なさるときも、彼女に合った色のドレスやバッグを選んで差し上げているのですが、いつも彼女はパーティ会場でその装いを賞賛されるとのこと。もちろんパーティなどでの立ち居振る舞いもレクチャーしていますから、その相乗効果は絶対的なようです。

本当に似合う服の選び方

前項でご紹介した彼女のように、**メイクや装いの色とスタイルを変えるだけで、幸運の女神は舞い降りてくれます。**そこで、どうすれば自分に合う色やスタイルを選ぶことができるようになるのかを、簡単にお伝えいたしましょう。

最初におこなうことは、貴女のなかにある色やスタイルの好き嫌いをなくすことです。残念ながら、自分の好きな色やスタイルが、イコール貴女に似合うものだと断言できないことが多くあります。とはいえ、それは否定することでもないのです。好きな色や形はそのままあっていいのです。ただ、本来の自分を見失い、我を貫きとおしても、周囲の人を心地良くすることができないため、良い結果を出せないと知ることが大事です。

次に、貴女に似合う色やスタイルかどうかを見分けます。全身鏡の前に立って、その洋服を当ててみます。そのときに自分の目線が洋服の色や形にいくなら、それは残念ながら控えたほうが良いお洋服となります。

では、どういう洋服であれば似合っているかというと、パッと見たときの最初の目線が自分の目にいったお洋服です。これはメイクの色選びも同様です。リップをつけたときにその色に視線がいくのはNG。貴女の目に視線がいけばOKです。真っ赤やショッキングピンクが似合う人はどんなにその色自体がハッキリとしていても、最初はその人の目に視線がいくものです。しかし色に目がいってしまうときは、貴女自身がその色に負けていて、本来の貴女の良さを相手が感じることができなくなるため、良い結果を出せずに終わってしまうのです。

学校や職場であればまた翌日も会う機会はありますが、異業種交流会やパーティ、お見合いなどでは「次」や「また」があるかどうかはわかりません。会ったその一瞬を最高の時にするためにも、貴女の見た目の印象となる装いの色と形は重要です。

本書では簡単な色や形の選び方をお伝えしますが、パーソナルカラー診断や、その人の骨格診断から似合うスタイルのアドバイスをする専門家の方も多くいらっしゃいます。専門家からアドバイスを受けるのもよろしいかと思います。

かんたんパーソナルカラー診断法

1 全身が映る鏡の前に立ちます。自分を春夏秋冬に当てはめるとすれば、どの季節になると思いますか？　直感でお答えください。

2 家族や親しい友人などに、貴女を春夏秋冬にたとえるとどの季節だと思いますか？と訊いてみてください。

3 ①と②が一致していれば、自己分析ができています。もしも異なる場合は、他者の意見を尊重してみてください。マナーは、自分以外の相手がどのように思うかが重要で、貴女の印象は相手が決めるからです。

春 と診断された貴女は……

Spring

穏やかな優しい暖かさを感じさせるペールイエローやペールピンクなどのペール系はマスト。青系統で楽しみたいときにペール系にしましょう。また、パステルカラーも似合います。避けたほうが良いのは、濃くて暗い色やくすんだ色です。

型・素材　ふわふわタンポポをイメージさせる色や形・レース素材

アクセサリー　小振りなマット系・ゴールド系

夏 と診断された貴女は……

Summer

少しパールグレイが混ざったようなローズピンクやスカイブルーなど、蜃気楼をイメージさせる雰囲気のある色が似合います。ベーシックカラーは明るくてソフトな色。避けたほうが良いのは、鮮やかな原色、オレンジやキャメル色などの黄みが強い色です。

型・素材　シンプルでストレートなクール系デザイン・シルクなどの艶感があるもの

アクセサリー　光る素材・シルバー系

秋と診断された貴女は……

Autumn

紅葉のレッド、深紅や銀杏を彷彿させるイエロー、マスタードにモスグリーン、プラムなど、深みのある色を華やかに見せることができます。ベーシックカラーは濃いブラウンやダークグレー。避けたほうが良いのは、薄くて軽やかな色、鮮やかすぎる色。

型・素材　ブレザーにロングのフレアスカートやパンツスーツなどの型・コールテンやベッチンなど

アクセサリー　マットなもの・ゴールド系

冬と診断された貴女は……

Winter

純白、黒、赤、ロイヤルブルーなど濁りのないハッキリとした原色が似合います。また、モノトーンのコーディネートも上手に着こなせるタイプです。避けたほうが良いのは、ナチュラルなブラウンやベージュ系、暖かみのあるオレンジ系。

型・素材　シンプルでありながら、綿菓子のような丸みを帯びたものもOK・シルク

アクセサリー　パール系や光り物・シルバー系

パーソナルカラー診断をきっかけに

実際には、欧米の人とは違って日本人はひとつの季節に収まらない人がほとんどです。私の場合は、夏がメインですが春の要素も入っていて、秋も少し入っています。すなわち日本人は多くの色やアクセサリーが似合う人が多いのです。クローゼットにダークな色味しかない人は、ぜひご自身の季節に合う色味のついたものも取り入れましょう。**色を変えたら意識が変わり、心と言葉、行動も変わり運が味方につきます。**

とはいえ普段から慣れた色を変えるのが不安な人は、**まずは小物類やアイシャドウやリップなどのメイクの色からでもかまいません。**自分に似合う色味を身につけるだけでグッと印象が良くなります。柔軟な気持ちで、固執していた自分の考え方を思い切って変えてみると、貴女を待っているプリンスへの道が開けることでしょう。

パーソナルカラーとは……アメリカで誕生したパーソナルカラー診断。肌や髪の毛の色、瞳の色などから、人を春夏秋冬に分類し、それぞれのイメージに当てはめ、似合う色や服装の型をアドバイスするもの。本書でご紹介しているパーソナルカラー診断法は、1995年から1998年の3年間、カラーセラピストの萩野眞理先生（スタイリストとして日本で活躍後、アメリカでカラーを学び帰国。）からマンツーマンで特別指導を受けた内容を、多くの経験と実績のもと西出ひろ子流にアレンジしたものです。

安心感と上品な印象を与える靴の選び方

ドレスコードに伴い、靴にも格付けがあります。もっとも格上なのはつま先もかかとも覆われているパンプス。つづいてオープントゥ、バックベルト、ミュール、ブーツなどとなります。

結婚式などの正式（フォーマル）な場所には、最上級のパンプスをおすすめします。ミュールやブーツ、スニーカーはカジュアルな装いのときに履く靴とされていますから、フォーマルな場所にはふさわしくありません。装いの格を統一させることもマナーのひとつです。靴の素材は、革や合皮、布などがありますが、素材に関しては、172ページで詳しくお伝えしています。

ビジネスシーンでは、業種や職種によって装いのマナーは変わります。絶対的なルールは貴女が所属している会社の規則にしたがうことです。もし会社にてガイドラインを設定していない場合は、スーツで仕事をするような一般的な企業であれば、仕事の場も正式な場ですから格上のプレーンなパンプスをおすすめします。**格上の靴は安心感と上品さを感じさせます。**靴の色はお洋服の色と合うように黒かベージュ、茶、紺が、ビジネスのシーンでは許容範囲です。それ以外の色や型は美容師さんやアパレルの販売員さんなどであればＯＫです。慶事や弔事のときの靴のマナーは第4章で詳しくお伝えしています。

一方、近年、クールビズやカジュアルデーなどによって、軽装で出勤することも増えています。そうしたときには服装に合わせて靴もカジュアルになりますね。そこでおすすめするのは通勤用の靴と社内用の靴と、来客応対や他社訪問時の靴をそれぞれに用意しておくことです。靴を履き替えることは面倒と思うかもしれませんが、そのほうがかかとのすり減りなども軽減されて靴が長持ちします。

私は仕事柄かもしれませんがいつも前述のようにしています。特に他社訪問時や、社外のホテルのラウンジなどで商談をするときなどは、正式なパンプスを持参して履き替えるので、荷物も多くなり面倒といえば面倒です。しかし私はそれを決して面倒とは思いません。「女優さんみたい」と思うようにしています。女優も、撮影現場に向かうときの靴と、撮影本番である仕事中に履く靴は異なりますよね。

細部こそトータルコーディネートする

世界中のプリンセスたちのファッションはいつも注目されます。そのブランドや型、色合いもそうですが、アクセサリーやバッグなど、トータルで素敵なマナーある装いをなさっています。

プリンセスたちが素敵なのは、常に人や相手を尊重し、思いやりあふれる内面の美しさが外面にも表れているからで、外見の魅せ方のひとつひとつにも意味が込められたマナーある装いになっています。

例えばエリザベス女王は、バッグをお持ちになるときには左手に持ちます。それは、右手で握手ができるようにするためです。バッグの中には何が入っているのかと思いますが、私たちが必ずバッグの中に入れて持ち歩くお財布は、もしかすると入っていないかもしれませんね。とはいえ私たちにお財布は必要です。お財布はとても重要なアイテムです。願わくはバッグとお財布は同ブランドで、デザインも同じであると統一感があって素敵です。可能であればバッグと合わせて次の3パターンのお財布を持っていると、イザというときに困りません。ひとつめは日常よく使用するバッグにマッチするお財布。2つめは洋装のパーティ時に使用する小振りなバッグに入る小さめのもの。3つめは和装の際の和柄のバッグに入れるお財布です。こちらも小さめでバッグとおそろいの和柄であると素敵です。

お財布をいくつも持つことに抵抗のある方は、バッグとマッチするハンカチをそろえておくと良いでしょう。バッグの中身でその人のエレガントさを垣間見ることができます。バッグの中から、全体の装いとマッチしたものが出てくると、そこまで気配りをしていることに感心されます。

素敵な女性は世の中にたくさんいらっしゃいますが、そのなかでも「この人はどこか違う」「さらに突き抜けているものがある」と感じる女性は、このような細部にまで気を配っています。そして人は見ていないようで、このような細かいところを実は見ているのです。

日常のバッグの中身

お財布　携帯電話　スマートフォン
ハンドタオル……1枚　タオル地のハンカチ……1枚
レース付コットンハンカチ……1枚（大判も可）
新品の他人用のハンカチ……1枚　ティッシュペーパー
懐紙　マスク……5枚　手鏡
お化粧直し用のお粉とリップ　電子マネーカード
定期券入れ　一筆箋　筆ペン　万年筆（サインペン）
ボールペン　赤ペン　名刺入れ……3つ　名刺
お薬・サプリメント　絆創膏 ……など個人に応じて、必要なものを

※名刺入れはメインで使うもののほか、名刺を切らしたりしたときに役立つ予備のもの、お相手が複数のとき（例えば社長・部長・課長）に全員の名刺を名刺入れの上に置けるように、3つ持っています。いつも感動され、会話のきっかけにもなります。

パーティバッグ・ハンドバッグの中身

薄くて小さめのお財布
鏡　お化粧直し用のお粉とリップ
携帯電話　スマートフォン　ハンカチ　懐紙
名刺（念のため） など

※一般的に日本では、すぐに名刺交換をしますが、海外ではあまり名刺に重きをおいていません。特にビジネスシーン以外のプライベートでは、相手から差し出されて、自分も自分の名刺を渡しても良いと思ったときに渡すようにするのが、エレガントです。むやみやたらと名刺を渡すのは、エレガントではありません。エレガントの語源は、『選ぶ』（「はじめに」参照）でしたね。

プリンセスの美容術

メイクや服装など、色が関わるものは、その色づかいで素敵に見えるか否かが決まります。色は自分の好き嫌いではなく、いかに自分の肌色や目の色と調和するかで選びます。

厚化粧をしているプリンセスの印象はありますか？　いいえ、真のプリンセスは、自分本来の魅力を引き出しているので、メイクもナチュラルです。

顔を洗うときやお化粧水をつけるときなどは、自分の肌に対して「ありがとう」と感謝の気持ちを伝えながらケアをすると、お肌の調子が良くなります。また、メイク落としやお化粧水をつけるときに使用するコットンは、オーガニックのものを。お肌への負担を軽くし、環境への配慮もできて一石二鳥です。

年齢を重ねれば、しわやたるみ、しみが出てくるのは自然の摂理で、仕方がないことです。それでも極力、それらをおさえていきたいと思いますね。私は現在50代ですが、ありがたいことに首や手の甲のしわが少ないですね、とおっしゃっていただけます。その秘密をご紹介します。

まず、首にしわを作らないよう、枕を使わずに眠ります。そして「デコルテまでが顔」という意識をもち、顔に使うお化粧水や美容液、クリームなどで首とデコルテまでしっかりとケアをします。目尻のしわ対策は、特別なアイクリームなどは使わず、ただ乾燥しないように、すべてをたっぷりとつけています。お化粧水などの基礎化粧品は、「節約せず、たっぷりと」が美へ向かう秘訣です。

プリンセスたちのドレスは、デコルテが開いているスタイルが多いですから、デコルテまでも美しく保つ努力が必要ですね。

また、たるみを軽減するためには、必ず下から上へ向かって、マッサージをするようにケアします。そして大切なのは、日焼け止めクリームを冬でもつけること。一年中、紫外線は出ていますからね。これもお顔だけではなく、首とデコルテ、手や腕にもつけましょう。プリンセスのドレスは腕を見せることもありますから、腕や手のケアも怠りません。ボディクリームとオイルもしっかりと塗り、乾燥を防ぎます。乾燥はしわの原因となりますから、全身を潤わせてくださいね。おすすめは、引き締め用のボディクリームを二の腕から脇のツボに向かってリンパを流すように、太ももからヒップに向かってアップするように塗ること。ひざ下も、足裏から指の間や、足首、ふくらはぎもしっかりとマッサージをしながらゆるめていきます。このとき、その日の気分に合うアロマオイルを混ぜて塗ります。アロマオイルを使うと大脳に直接、刺激を与えてくれるので、より効果が期待できます。

プリンセスのメイク術

基礎化粧品と日焼け止めをたっぷりとつけたら、下地クリームとファンデーションをつけます。美容液の成分が入っている化粧下地をつけ、その上から、私はオーガニックのクリームファンデーションをつけます。この化粧下地はファンデーションをつけると毛穴が見えなくなるすぐれもの。私はテレビ出演のときなどに大変重宝しています。

そして、その上からお粉を軽くつけます。ファンデーションはリキッドタイプか、クリームタイプか、固形タイプかは、それぞれの肌質や好みで選びましょう。

ただひとついえることは、お肌自体の調子が良ければ、何をつけてもきれいですから、メイクで隠そうとするのではなく、もとのお肌が美しくなるように、食事や睡眠を大切にすることを心がけてくださいね。

目をパッチリと魅せたいときには、黒色のアイラインをひきます。少女マンガに登場するようなキュートなお姫様みたいな目にしたいときには、中央部分を少し太めに描きます。クールビューティなイメージにしたい場合は、切れ長の目に見えるように、目尻を少し長めにひくと良いでしょう。少し、やわらかいイメージにしたいときには、茶色のアイラインにします。

眉は、定期的に専門家にカットしてもらい、貴女自身の眉の形を整え、可能な限り左右対称になるように描きます。明らかに「描いています！」と感じさせないコツは、描いたあとに、指の腹でなじませること。このひと手間で自然に仕上がります。

チークは、頬骨から耳に向かってつけるといわれていますが、そうすると場合によっては老けて見えるので、頬骨の上にブラシで少しだけ置き、手で肌になじませると自然な仕上がりになります。

リップは、潤いが大事ですので、リップクリームをつけたあとに塗ります。

ここで、大切なポイントをお伝えしましょう。ファンデーションもアイシャドウもチークもリップも、単色で使わないということです。いずれも2色以上を混ぜて、自分に合う色を作ることで、貴女が醸し出すオーラに拍車をかけます。このように自身にもひと手間かけることが、他者への慈しみを重んじるプリンセスの心得なのです。

ちなみに私は、メディアに出るとき以外は、アイラインもチークもつけません。ファンデーションとリップのみのシンプルメイクです。また誰にも会わずに、執筆などをおこなう日は、ノーメイクでお肌を休ませています。

些細なことではありますが、このようなことにまで、３６０度の意識を巡らせ、今の自分にできることから始めてみてはいかがでしょうか。前向きに動ける思考回路に変換することで、すべてが好転していきます。**愛されプリンセスは、前向きで、すべてがハッピーになるように考える思考能力をもっています。**

アイラインの入れ方

キュートなお姫様タイプ

目頭側と目尻側は細く、
目の中央部分（黒目の部分）の
アイラインを太く入れる。

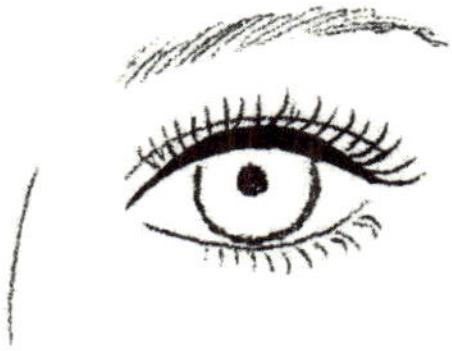

クールビューティタイプ

目尻側のアイラインを気持ち
長めに入れる。

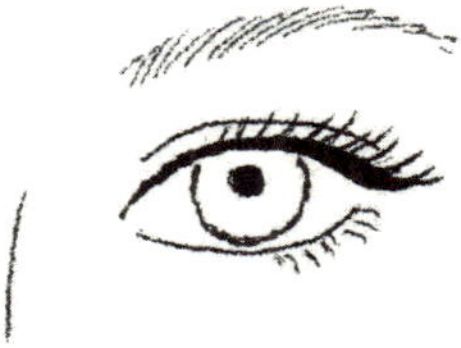

※アイラインやチークの入れ方は顔によっても印象が変わるので、いろいろ試してみてください。メイク中も、常に目を微笑ませ、口角を上げておきましょう。

ポジティブなエネルギーを発するプリンセスの美しい手

私たちは、相手からよく見られていると思って顔ばかり意識して表情やメイクを気にしますが、実は、「手」をよく見られていることにお気づきでしょうか。プリンセスは、手のスキンケアも顔同様に怠りません。

爪や甘皮のお手入れも重要です。今は爪専用のさまざまなキットが販売されていますから、自分でお手入れすることもできます。しかし、もし時間とお財布に余裕があるときには、ネイルの専門家にお手入れをしてもらうことをおすすめします。ネイルケアをしてもらうのは、ストレスを緩和し、自律神経を整えるのにも有効といわれています。それは、手と手が触れ合うから。現に手をつないで寝ているカップルやご夫婦は、心身が安定し、健康で仲が良いという研究データもあるほどです。

手からは目に見えないエネルギーが出ています。パートナーやお子様、ペットや植物たちを抱きかかえたり、触れたりするとき、自身からプラスのエネルギーを発して、相手を元気にしてあげたいと思いませんか。そのためにも自身の心身を清浄に整えることは、大切なマナーのひとつなのです。ネイルケアをしながら心身を整え、お爪もきれいになるのであれば、一石二鳥ですね。

ネイルの色は、貴女の手になじむ色を作って塗るのがベストです。また、デザインをするときには、季節やイベントに合わせておこなうのも楽しみのひとつですね。日本ではハートなど可愛らしいデザインが年齢問わず人気ですが、西洋では大人の女性はワンカラーのみのシンプルなネイルにするのが主流です。ネイルデザインをするのはお子ちゃまがすること、と思われるからです。

もし、貴女がエリザベス女王などの王族や貴族の方々が集まるパーティやイベントに招かれたときには、お爪は短く切り、清潔感あふれる透明なさくら貝のような上品ネイルで行かれると好感度アップです。

シンデレラのように、日々お掃除やお料理などの家事をしていても、手や指、爪などのお手入れも怠らずに、良い表情を意識し、優雅に美しく振る舞うのが、プリンセスの心得です。

Column

バトラーから見るレディのたしなみ

貴女はバトラー、すなわち執事に会ったことはありますか？　マンガの世界でしか見たことがないという方も多いと思いますが、現実に執事は存在しています。現在、日本にもバトラー養成スクールがあるようですが、英国ロンドンにももちろんあります。貴族などのお屋敷にはバトラーが住み込みでいらっしゃいます。日本と海外とでは違いがあるかもしれませんが、執事はお掃除などの家事をおこなうお手伝いさんとは異なり、そのお家を管理している人です。契約内容にもよりますが、資産管理まで任されている人も多く、その家のご主人様とは厚い信頼関係で結ばれています。

ヨーロッパのバトラーはお客様のお荷物をお部屋に運んだら、勝手にスーツケースを開けて、お洋服をハンガーにかけることもあります。日本人的発想からすると、「確認もしないで！」とクレームになりそうですが、現地ではそれが当たり前のことで、開けられるとわかった上でスーツケースを持ち込みます。このときスーツケースの中がぐちゃぐちゃだったら、恥ずかしいですし、バトラーにも失礼です。さらにはお洋服たちにも申し訳ないことですね。素敵な装いをしている人は、洋服を大切に扱い、しわやしみ、汚れがないように管理しています。

スーツケースに入れるときには、バトラーや洋服たちのことを思いやり、きれいに入れるのが、レディ、プリンセスのたしなみです。このように考えると、日常のバッグの中も、きれいに整理整頓して入れておきたいものですね。そのためには、バッグインバッグを上手に使うのもおすすめです。

Lesson 3

美しいプリンセスの食事のマナー

洋食・和食・中国料理・アフタヌーンティー

テーブルマナーで本当に大切なこと

プリンセスは毎日、お屋敷ではバトラーやメイドが食事の用意をしてくれて、夜はロングドレスを着て晩餐会でお食事をしているイメージがありますね。各国の王室や貴族、また政府関係者などとの会食も多いでしょう。だからテーブルマナーを身につけているのは当然のことで、そんな機会のない私には無関係だわ、と思われる方もいらっしゃるかもしれませんね。でも、それは違います。

31歳のとき、私は初めて英国オックスフォードでホームステイをしました。共働きのご家庭だったのですが、毎日パパとママが交代で、食事を作ってくれました。テーブルには、大きなプレート（お皿）と右側にはナイフ、左側にはフォークがセッティングされています。「どうぞ、召し上がれ」と言って出してくれるお料理を、2人の娘さんと一緒に、5人でいただきます。18歳のときから一人暮らしをしていた私にとって、誰かがごはんを作ってくれて、それを目の前まで運んでくれるこの状況は、贅沢そのもの。まるで「プリンセスみたい！」と心躍らせたことを今でも覚えています。

そう、**私たちは、日常の生活のなかで実は多くのプリンセス体験をしています。**

このときすでに、マナー講師として独立していた私は、ヨ本でひと通りのテーブルマナーは学んでいました。いえ、正確には、学んでいたつもりでした、というべきかもしれません。イギリスでの生活で、目の前にいる当時15歳のエイミーの食べ方を見て、「なんて礼儀正しく、キュートで素敵なんでしょう！」と感激しました。労働者階級のご家庭であっても、そこには由緒正しい礼儀作法が日常の食事のシーンにも根付いていたのです。

まず、食事の前には手を洗います。椅子には左から座り、お料理を出していただいたら、**必ず“Thank you”と出してくれた人の目を見て御礼を伝えます。**みんながそろって、日本でいうところの「いただきます」の代わりはお祈り。そして、パパとママが食べたら子どもたちも食べ始めます。最初のひと口を食べたら、作ってくれた人に「美味しい！　ありがとう！」と感想と感謝を伝え、さらに「このポテト、ホクホクしていて美味しいね」と、具体的に食材なども褒めます。全員が食べ終わるまで席は離れません。そして、全員が食べ終わったら、「ごちそうさまでした」の挨拶をして、後片付けは、その日、料理を作っていないパパかママのいずれかがおこないます。お皿を下げてもらうときにも、必ず“Thank you”の「ありがとう」を伝えます。

テーブルマナーとは、高級レストランでの食事会や晩餐会に出席するから学ぶものではないということを、ホームステイ先のパパとママ、そして子どもたちに教えてもらいました。それは、ナイフやフォークのカトラリーを上手に美しく使いこなし、自分が恥をかきたくないから学ぶことではないということも。

大切なことは、カトラリーの使い方以前に、日々の生活のなかで、お料理を作ってくださる方や、食材への感謝、また、それらを運び、片付けてくれる人への感謝、そして、その場で一緒に食事を共にしている人たちと、心と心を開き合って、互いを尊重し合い、相手に恥をかかせるような言動をせず、楽しい時間を共有し合うこと。それが、究極のテーブルマナーなのです。

男性と一緒にレストランに入るとき

レディファーストの精神で男性が貴女の腰をそっと押してくれたら、貴女は堂々と胸をはって、女神のように微笑みながら、まっすぐに前を向いてお店に入ります。もし、男性が先に入店したら、それはフランス式のエスコートの仕方ですから、後に続きます。（もちろんフランスでも、女性を先にすることもあります。）

お店の中に入ったら、同伴の男性がコートを脱がせてくれます。貴女はコートを肩まで落としたら、あとは男性にお任せしましょう。レストランでは、そのお店のスタイルによってさまざまですが、着席する前にウエイティングバーで1杯、軽くウエルカムドリンクを飲む場合もあります。そして、お化粧室へ行き、手を洗います。

テーブルに案内されたら、お店のスタッフか同伴者の男性が貴女のために椅子を引いてくれます。そのときの状況にもよりますが、左から入れるようでしたら、椅子には左から入ります。そして、テーブルに前ももがつくように立ちます。すると、エスコートしてくれている男性は、ゆっくりと椅子を前へ押してくれます。椅子が貴女の脚にあたったら、それが腰を下ろす合図です。32ページで学んだ姿勢で、上半身はまっすぐにキープしたまま、微笑みながらゆっくりと腰を下ろしていきます。

座る位置は、座面の半分か3分の2の深さで座り、テーブルとお腹の間隔は、握りこぶし1つ分が入る程度にあいていれば大成功。もしも、間隔があきすぎていたら、前に移動させてもらいます。

正式な晩餐会などの社交の場では、椅子には左から入り、男女が交互に座るのがルール。そして自分の左隣りに位置する男性が、貴女の椅子を引いて、着席させてくれます。このときもニッコリとプリンセスの微笑みで御礼を伝えてくださいね。

無事に着席した貴女。ホッとするのはまだ早いのです。社交界の晩餐会などでは、なんと、エスコートしてくれた男性がナプキンをひざの上にかけてもくれます。日本のレストランなどでも、そのようなサービスをしてくださるお店がありますね。慣れていないとビックリするかもしれませんが、かけてもらったらプリンセスの微笑みで、"Thank you very much"「ありがとうございます」と丁重に御礼の挨拶をしましょう。

プリンセスは常に相手に感謝と敬意の気持ちをもち、感謝の言葉を欠かしません。

一般的なお食事会などでは、ナプキンは自分で取ります。取るタイミングは、結婚披露宴など起立して乾杯のあるシーンでは、乾杯が終わったあとに取るのが、効率的でしょう。起立での乾杯がないシーンでは、着席後、そのテーブルで最上位の人が取ったら、それに続いて他の人も取るのがマナーです。そのタイミングは、着席後、すぐでもかまいません。ただ、すぐに取ると、「そんなにお腹がすいているの」と思われそうで恥ずかしいと思う人もいらっしゃるかもしれないので、ドリンクのオーダー後に取るのがスマートです。

ナプキンは２つ折り（上側を少し短めにしておくと、めくりやすい）にして、ヤマになっている側を自分のお腹側に向けて、太ももからひざに向かってかけます。45センチ×45センチ以下のサイズのナプキンの場合は、２つ折りにしなくても良いです。その場合はナプキンの表面を上にしてかけます。

２つ折りにしたときのナプキンの使い方

左上の裏側（内側）を使用します。そうすることで汚れを隠すことができ、洋服を汚すこともありません。もちろん裏側ではなく、表面を使用しても間違いではありません。男性は後者でおこなう方が多く、海外の女性も後者でおこなっているケースが見受けられます。

広げたままのときのナプキンの使い方

表面を使用します。ナプキンを汚したあと、それが洋服などに付着することのないよう、注意が必要です。

中座するとき

ナプキンは椅子の座面に丸めて置くのが正式。椅子の背もたれにかけたり、プレート（お皿）にはさんだりするスタイルは、日本では通用するのかもしれませんが、海外では控えましょう。サービススタッフは座面に置いたナプキンを、戻ってきたお客様のために持って待ち、再度かけてくださったり、テーブルの上、左側にたたんで置いてくださることもあります。このようにナプキンひとつとっても、その場にいる人たちとのコミュニケーションのひとつになるのです。

退席するとき

ナプキンはテーブルの上、右側に置いて退席します。最近、ヨーロッパのあるホテルサービススタッフ養成学校やフィニッシングスクールでは、中座するときのナプキンはテーブルの左、退席するときにはテーブルの右側に置くと教育しています。これも時代の変化とともに、マナーの型も変わるひとつの例だと思いますが、もととなる考え方としては、椅子の出入りを左からするからです。中座時に左のテーブル上に置くと、戻ってきたときにスムーズにナプキンを取り、座ると同時にかけることができます。また、先述のとおり、エスコートしてくださる男性は左にいます。ナプキンを左側に置いていれば、中座して戻ってきたときに、左の男性がすぐにナプキンを取り、ひざにかけて差し上げやすいですね。これは女性のエスコートしてくださる人に対する配慮、すなわちマナーの心からなる型といえましょう。一方、退席するときは、もう席には戻ってきませんから、その逆の右に置くことが退席のサインとなります。

心を通わせる乾杯のマナー

ドリンクはそのテーブルにいる人たちと乾杯をしたあとに飲みます。もし貴女がその場にいるなかで、最上位であったり、主役、主賓の場合は、貴女が一番にグラスに口をつけて飲みます。そうしないと他の人が飲めないのです。一方、どんなに喉が渇いていたとしても、貴女が主役でない席では勝手に先に飲んだりはしません。プリンセスは、常にその場や立場をわきまえます。自分が先に飲むことも、あとに飲むことも、すべて周囲を気遣うマナーの心、精神からなる所作なのです。そうすることでその場がスムーズに進んでいきます。

ワイングラスの持ち方にも諸説あります。昨年、イギリスでデビュタント（社交界にデビューする女性）のためのマナー指導なども行っているフランスの伯爵にお目にかかった際、諸説あるワイングラスの持ち方について伺いました。詳細は84ページをご覧いただきますが、基本はグラスのステムと呼ばれる部分を持ちます。ただし赤ワインの場合はその限りではなく、ボディ部分も持って良いとのことでした。

近年、インターネット上で世界のＶＩＰの皆さんがグラスのボディ部分を持っている写真が見られることから、ステムではなくボディを持って飲むといわれるようにもなりました。日本でも皇室の方に所作をお伝えなさる方は、ボディを持つようにとお伝えしているそうです。理由は、ステムを持つのはお店の人の作法だということのようです。おそらくお店の人はグラスに指紋をつけないようにという配慮からステムを持つことになっているのでしょう。いずれにせよ、このような諸説があるということを知識として知っておき、実際に貴女がどうするかは周囲にいらっしゃる方々に合わせる、ということが本来のマナーの精神からなる道だと思います。そして何よりもグラスを傷つけないように、大事に取り扱う気持ちが大切なことでしょう。

一般的にいわれている基本の乾杯のマナーは、シャンパングラスやワイングラスの場合、グラスを目のあたりまで掲げて、アイコンタクトをするだけです。一般的にフレンチなどの高級レストランにあるグラスは、大変薄く、繊細なものが多くあります。グラス同士を勢い余って合わせたら、割れてしまった、ということも現実にあり得るからです。**マナーは人のみならず、物に対しても思いやりの心をもつことです。**グラスに対する思いやりをもてばこその選択なのです。そしてグラス同士を合わせないという選択が、エレガントな人となるわけです。

しかし、ビールなどはグラス同士を合わせるほうが親しい感じがして、気持ちも通い合うような気がします。そういうときには、44ページでご紹介している「TPPO」で考えてみましょう。例えば気心知れた親しい友人たちとのプライベートなお食事会で、グラスを少しだけ優しく触れ合わせても割れることはない、と思えば、グラスに傷をつけないように注意しながらそっと触れ合わせることは、マナー違反ではないと思うのです。基本の所作を知識として、またその理由を知っている上で、時と場合、相手や状況、立場に応じて型を破ることは、あっても良いと思っています。ただし、その仲間のなかにそういう型破りなことを快く思わない人がいるのであれば、それは止めましょう。マナーは常に、自分よりも周囲の気持ちを優先させる心ですから。

実際のプリンセスたちも、気心知れたご友人たちとのプライベートなお食事会では、時には型破りなことをすることもあるでしょう。**基本をわかった上での型破りは、そこに人としての余裕と人間味のあるキュートさを感じさせます。**オンとオフの使い分けを心得、それをすること。これもまたプリンセスの人としての魅力のひとつといえましょう。

目を微笑ませ、目と目を合わせて、「乾杯」と言って、目の高さまで掲げます。

グラスのパーツ名称

シャンパングラスの持ち方

美しい気泡を目で楽しむ、そして、手のぬくもりがシャンパンの温度に影響を与えないように、ステムを持つのがマナーといわれています。しかし、ステムを持つと細長いボディが安定しないという理由から、ボディを持ってもマナー違反ではありません。ボディを持つときは、なるべく下のほうを持つ配慮をしましょう。

ワイングラスの持ち方

ワイングラスの場合は、赤ワインと白ワインとで、持ち方のマナーが異なります。赤ワインのグラスの場合は、ステムを持っても、ボディを持ってもどちらでもＯＫ。一方、白ワインのグラスの場合は、ボディは持たずに、ステムを持ちます。理由は、冷えた白ワインの温度に影響を与えない配慮からです。

スマートなお酌とは？

日本ではビールや日本酒などをお酌することがありますね。プリンセスはお酌をするのでしょうか。ちょっと想像できませんね。**しかし、プリンセスはいつも周囲への心配りを忘れませんから、ＴＰＰＯに応じて臨機応変に対応する柔軟さを兼ね備えていらっしゃると思います。**プライベートタイムや気心知れた方々との時間では、お酌をすることもあるかもしれませんね。ただし、ワインに関しては、本来女性が男性に注ぐことはしません。もちろん女性同士であればその限りではないといえます。このようなマナーは、男性にも知っておいていただきたいことですね。そうしないと、貴女が困惑することになりますものね。マナーは互いにそれを知り、実践することで成り立つものですから、男女問わず、マナーの精神とスタイルを身につけていただきたいものです。ここでは、日本で貴女がプリンセスのように愛される、お酌の仕方と注がれ方をお話ししたいと思います。

ビールの注ぎ方

注ぐときに意識することは、ビール瓶などのラベルや名称が相手に見えるように持つことです。利き手で、ビール瓶のラベルに手がかからないよう、瓶の下のほうを持ちます。もう一方の手は、ビール瓶の口からボディに切り替わったあたりに下から添えます。注ぐときには、相手のグラスとビール瓶が触れないように気をつけます。最初は様子を見るためにゆっくり注ぎ、すぐに勢いをつけてグラスの3分の2程度まで入れ、あとは、ゆっくりと泡が立つように注ぎます。一方、ビールを注いでもらう側は、利き手でグラスの下のほうを持ち、もう一方の手は底から添えて、必ず両手で持ちます。相手が泡を立てやすいように、グラスを少し傾けるのは、日本独特の配慮からなる形です。特にヨーロッパのビールは、もともとが泡を楽しむものではなく、泡立たないビールが主流でしたので、グラスを傾ける必要はなかったようです。

日本酒の注ぎ方

日本酒を注ぐ場合も、基本はビールと同様です。熱燗の場合、徳利《とっくり》を持てないほど熱いときは、ふきんを当てて持ちます。下から支えるときにも、ふきんを当てておくと注いだあとのたれを防ぐことができます。注ぐ量はグラスやおちょこの8分目程度。日本酒を注いでもらうときは、そのグラスやおちょこを手に持ちます。おちょこの持ち方は、利き手の親指と人差し指で上のほうを持ち、中指と薬指、小指は側面に当て、女性の場合はもう一方の手の指をそろえて底から支え、両手で持ちます。男性の場合は、目上の人から注いでもらう場合は女性と同様に両手で持ちますが、プライベートシーンなどで男性らしさをアピールしたいときなどは、片手で持ちます。その場合は、利き手の小指をおちょこの底に当てて支えます。

ワインの注ぎ方

ワインの注ぎ方は、ソムリエのようにボトルの下を片手で持って注ぐことができるのであれば、格好いいなぁと思うかもしれません。しかし、ボトルは重量もありますので、無理をして片手で注ぐことはありません。この注ぎ方はお店などでその道の専門家の注ぎ方と捉える人もいます。また先述のとおり、女性はワインを注がれる立場。貴女がお仕事としてワインを注ぐ立場でない場合は、無理をする必要などありません。とはいえ、特に日本では、女性はよく気が利き、ワインも注いで差し上げようとしたり、また、それが求められる環境がないとはいえません。そういうときのために、ワインの注ぎ方もお伝えしましょう。

ワインの注ぎ方も、ビールのときと同様にラベルを上にして、両手で注ぎます。日本酒のときのように、下から支える手にナプキンを当てておくと、たれてきたワインを防ぐことができます。また、注ぎ終わったときに、ボトルを少し右回しにすることでも、同様に防ぐことができます。注ぐ量はグラスのもっともふくらみのある箇所までと心得ましょう。また、ワインもボトル口をグラスのふちに当てないように注意しましょう。ワインを注いでもらうときには、基本的にグラスには手を触れないのがマナー。どうしてもそれに違和感があるときは、グラスのボトムとステムに軽く触れても良いですが、グラスを持ち上げることは絶対にしないように注意してくださいね。

いずれも共通していることは、注いでもらったら必ず注いでくださった方に御礼を伝えることです。海外では、注いでくださった方の顔を見て、“Thank you”を伝えます。日本で、顔を見るのが恥ずかしい、そこまでしなくても、と思われる場合は、「ありがとうございます」と御礼の言葉はきちんと伝えて軽く会釈をするとマナーを心得ている素敵な女性だと思ってもらえます。プリンセスは、いつも注目の存在です。貴女もいつも注目をされているという意識をもって、どんな場所でも微笑みの表情と相手に対する感謝の気持ちを忘れずに、それを言葉と態度で表現してください。その積み重ねが、貴女を幸せの道へと導いてくれます。

洋食マナーは「ナイフとフォークの使い方」が9割

先日、あるテレビ番組に生出演した際、高さのあるボリュームたっぷりのハンバーガーの美しい食べ方をタレントさんたちにお伝えしたときのこと。そのとき皆さんがおっしゃったことは「先生、これはまず、ナイフとフォークを器用に扱えることが前提ですね」。たしかにおっしゃるとおりなのです。洋食を美しく食べるには、カトラリーを上手に取り扱えるかどうかで、その9割が決まります。

基本的にナイフは右手、フォークは左手で持ちます。ナイフとフォークを使って食事をする国の多くは、左利きの人であっても、このように子どものときから教育をされることが多いようです。

フォークとナイフを使ってコース料理をいただく場合、オードブルや魚料理、肉料理ともに、基本は左手前から食べ始めます。食べるときのポイントはひと口大に切り、ひと口で口の中に入れることです。

弊マナーグループのテーブルマナー講座にお越しくださる生徒の皆さんからよくある質問に、「上手く切ることができない」「上手く口に運ぶことができない」というものがあります。私は、このお悩みを一瞬にして解決して差し上げます。**ポイントは、カトラリーの持ち方にあります。**まずフォークとナイフを持ったら、人差し指で上からしっかりと押さえることです。この押さえる位置を先端に近くすることで安定感が出ますので、上手くカトラリーを取り扱うことができるようになります。また、切るときのポイントは、ナイフよりもフォークにあります。フォークでしっかりと押さえることで、料理が動かず安定するため、切れやすくなります。このコツさえつかめば、貴女は自由自在にカトラリーを取り扱うことができ、どんな料理が出てきても、美しく食べることができます。

フォークは基本的にその背（丸く盛り上がっている側）を上にして使っていきますが、ライスやビーンズ類など、フォークの背にのせて食べにくいものは、そのハラ（くぼんでいる側）にのせて食べます。背にのせて食べるのはイギリス式で、ハラにのせて食べるのはフランス式といわれています。また、フォークを右手に持ち替えて片手で食べるのは、アメリカ式。なぜアメリカ式では右手に持ち替えるのかというと、アメリカ南北戦争後にアメリカ人がドイツに行った際、当時のドイツの皇帝が生まれつき左手が不自由だったため、フォークを右手に持って食べていたとのこと。それを見て、アメリカではフォークを右手に持ち替えて食べるようになったということです。イギリスでは、どんなものでも左手のフォークの背にのせて食べることが、本物のテーブルマナーといわれていた時代もあったようですが、時代とともに、その型も柔軟になっているのが現状といえます。私がイギリスにいた31歳の頃から、イギリスの若者たちも右手にフォークを持って食べているのをよく見かけました。フォークを右手に持ち替えて食べるのが、若者の間ではちょっとした流行のようでした。このようなこともまた、人それぞれの考え方がありますので、いずれの所作もでき、その場に合わせたスタイルで食べるのがマナーといえましょう。

カトラリーの基本の持ち方

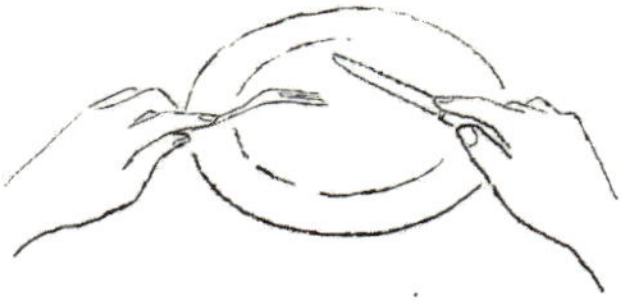

一般的な持ち方

右手にナイフ、左手にフォークを持ち、
上から人差し指で押さえる

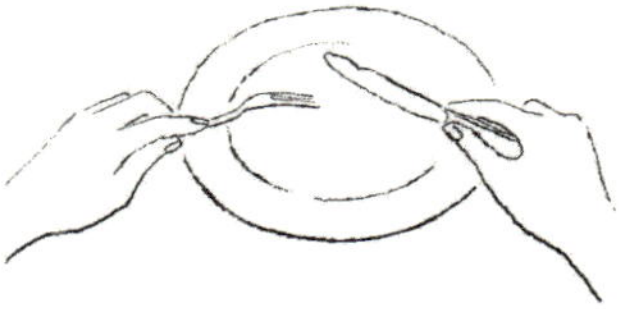

魚料理を食べるとき

ナイフは上から人差し指で押さえずに、
親指と人差し指、中指、薬指で
つまむように持つ

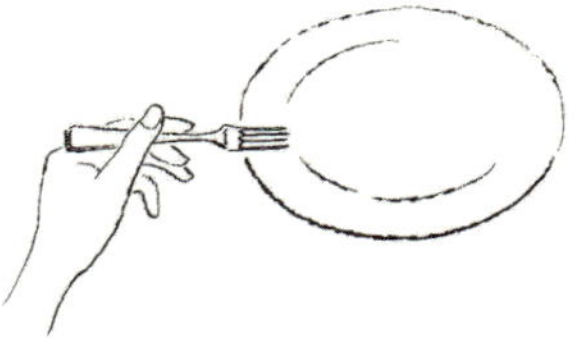

フォークのハラを上にするとき

1. フォークの背を上にして持つ
2. フォークを左回りにして返し、ハラを上にする
3. 人差し指、中指、薬指、小指にフォークをのせ、親指で上から押さえる

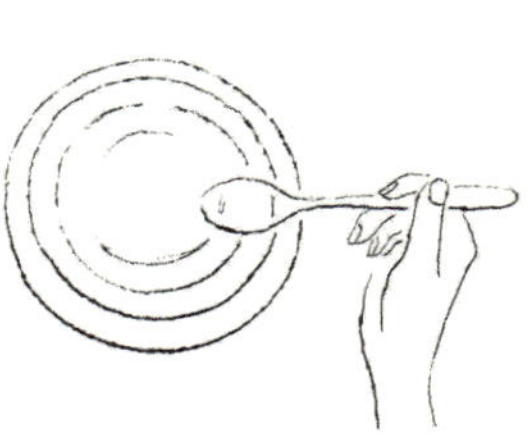

スープを食べるとき

人差し指と中指の第二関節あたりに
柄をのせ、親指で上から軽く押さえる

スープの食べ方から学んだマナーの真髄

スープを手前から奥にすくって食べるのはイギリス式で、奥から手前にすくうのはフランス式といわれています。日本では手前から奥にすくうといわれることが多いですが、どちらでもかまわないようです。ただし、前述のフランスの伯爵など貴族や社交界の方々が正式な晩餐会などで食べる場合は、手前から奥に向かってすくうのがほとんどです。おこなってはいけないのは、横からすくうことですね。

私がイギリスで生活をしていた頃、イートン校出身などの上流階級の人たちと交流させていただいており、彼らがスープを食べるときに、使わない左手をいつもひざの上に置いている姿に違和感をもちました。そして、私は彼らに尋ねたのです。幼い頃からマナー教育をしっかりと受けている方々ですから、間違ったことはしないだろうと思っていましたが、やはり国や地域によって、洋食の食べ方の所作にもさまざまなスタイルがあることを31歳のときに初めて知りました。**マナーの真髄は、それぞれの所作を寛容に受け入れる心をもち、それをTPPOに応じて使い分けること。**それが人の美しさにつながるということを、スープの食べ方から学ばせてもらいました。

イギリス式は、使用していない手はひざの上に置いておくのがマナーとされ、一方フランス式は、テーブルの上に出しておくとされます。後者は、武器を隠し持っている危険な人だと思われないよう、手を出しておくことで、相手に安心感を与えるための所作です。

和食の場合、両手を使用するため、日本人にはフランス式のほうが見た目にも馴染みますね。スープを食べるときは、スープ皿の下にそれ用のお皿があれば、そのお皿のふちに手を添えます。なければ、テーブルのふちに軽く手をかけるなど、手首から先をテーブルの上に出しておきます。

残り少なくなったスープを食べるときには、スープ皿は手前を浮かせて、奥にスープを集めてすくいます。これはスープ皿の底を一緒に食事をしている方々に見せないという配慮からなる所作です。取手のついたスープ皿の場合は、皿を持ち上げて口に持っていっても良いとされていますが、晩餐会などでこの光景を見かけることはありません。ご自宅やカジュアルなレストランなどでいただくカップスープの場合はもちろんＯＫです。

ちなみにスープは、「飲む」ではなく「食べる」というのが正式です。

プリンセスのパンの食べ方

カトラリーを用いずに手を使って食べるパン。パンの食べ方を見れば、その女性が本物の上品さを身につけているのかどうかがわかります。パンは、ひと口大にちぎって、それを右手で口に運び、ひと口で食べます。パン屑が落ちても気にしないのがプリンセス。そのほうがお店の人にとっては好都合なのです。基本的に、パン屑や料理、カトラリーやナプキンなどを落としたときには、すべてお店の人や使用人にお任せします。貴女は恥ずかしいなんて思わずに、堂々としていればいいのです。喜んでお店の人が対応してくださいます。

貴女が必ずすべきことは、心から感謝の"Thank you"「ありがとうございます」を伝えること。「ありがとう」と言われた相手は「どういたしまして。あなた様に喜んでいただけることが、私の喜びです」"It's my pleasure"の精神で応えてくれるはずです。ここにお互いのプラスが生まれます。

また、先にお店の人にとっては好都合とお伝えしました。その理由は、チップ制だから。お店の人は自分の出番が多くなればなるほど、そのチャンスが広がります。パン屑は落ちるのが当たり前。それをきれいにして差し上げようとするのがお店の人や使用人です。彼らはその自分の仕事に誇りをもっていますから、貴女がきちんと心を込めて御礼を伝えれば何も気にすることはありません。

食べかけのパンをもとの位置に戻すときには、ちぎった側が自分に向くように置きましょう。時々パン皿がなく、テーブルクロスの上に直接パンが置かれるケースがあります。実はこのほうが、お皿の上に置くよりも格が高いとされています。昔、テーブルクロスは大変高価で貴重な品でした。そのクロスをテーブルの上にかけているお宅はそれだけ裕福で、さらにクロスの上にパンを直接置いてもかまわないくらい清潔なクロスを使っている、という証だったのです。

バターは、使用する分だけをパン皿に取りましょう。数名で共有するバターの場合は、そのなかで最上位の人が取ったあとに順に回していきます。貴女に回ってきたら、「ありがとうございます」と言って取ります。貴女が最初に取る場合は、「お先に失礼いたします」と言います。取ったバターはパン皿の右奥に置き、バターナイフでひと口分を取り、ちぎったパンにつけます。決して、バターに向かってパンを直接つける行為はしないように。

サラダやパスタなどの美しい食べ方

先日、某人気アイドルグループの可愛いメンバーの皆さんに洋食マナーをお伝えする機会がありました。このとき、皆さんが悪戦苦闘していたのが、サラダです。意外に難しく、大きな葉物をどうやって食べればいいのかわからなかったり、プチトマトなどが入っていると、上手くフォークに突き刺すことができずに、飛んでしまったり。

葉物はナイフとフォークを使って折り畳んで小さくしたものを、フォークに刺して食べます。葉を切って食べても良いのですが、1枚ではなかなかフォークに刺すことが難しいので、折りたたんで厚みを出すと刺しやすくなります。これが難しいときには、ひと口大に切った葉をフォークの背やハラにのせて口に運びましょう。プチトマトなどは、フォークに刺して食べて良いのですが、上手く刺さらないときはフォークのハラの上にのせて食べましょう。

チーズもひと口大に切って食べます。ハードタイプのものは、手で食べてもかまいません。

ピザは、形にもよりますが、例えば円形の場合は三角形に切り離し、具を中にしてクルクルとフォークとナイフで巻きます。そして左端からひと口大に切って食べます。

ロングパスタは、フォークのみで食べるのが本場イタリアの食べ方です。フォークに3〜5本程度のパスタをとり、お皿の手前で左回りにフォークを回して巻き付けて食べます。オレキエッテやトロフィエなどのショートパスタの場合は、フォークで突き刺して食べます。ラザニアは左手にフォーク、右手にナイフを持ってひと口大に切り分けながら食べます。

殻付きのあさりなどの貝類やエビなどの具は、フィンガーボウルと共に出された場合には、手を使って食べてくださいというメッセージなので、迷わず手を使って食べてかまいません。フィンガーボウルがない場合の貝類は、フォークで殻を押さえて、ナイフで身を取り出します。殻は殻入れがあればその中へ。なければ、お皿の左奥へ寄せておきます。エビはまず頭を切り離し、胴の真ん中（脚の間）にフォークを刺して、脚の内側から殻と身の間にナイフを入れる要領で殻を外します。身が出てきたら、フォークを刺しなおして、残った殻と脚を身から外します。頭や殻、脚をお皿の左奥へ置き、身を左からひと口大に切って食べます。

地域によっても微妙に異なるカトラリーの置き方

食事中に飲物を飲むときや、ナプキンで口を拭くときなどは、持っているカトラリーは、いったん置きます。その置き方にも、数通りのスタイルがあります。

まず、ナイフの刃を内側に向けることが鉄則です。絶対に外側にしてはいけません。相手に刃を向けることになるからです。これをしてしまうと、どんなに良い表情で素敵な装いをしていても、また、姿勢良く先手で挨拶をしても、貴女は本物のプリンセスとして評価されません。人を傷つける可能性のある人と見られることは、マナーなしの烙印を押されるということです。

この前提を踏まえた上で、食事休みのときは、フォークは背を上に、お皿の中でハの字になるように置きます。食べ終わったらフォークのハラを上にし、時計の4時の位置に置きます。

この食事休み中と終わりのカトラリーの置き方は、お店の人に対するサインです。食事休み中のスタイルにしていれば、お店の人がお皿とカトラリーを下げることはありません。一方、食事終わりのサインをしていれば、お皿の上に料理が残っていても、下げても良いという合図になるので、何も言わなくても下げてくださいます。もしまだ食べている途中なのに、終わりのサインを出していると、下げられてしまいますので要注意です。

このサインも、イギリス式、フランス式、アメリカ式と、いくつかのスタイルが存在します。○○式といわれているスタイルは、実はその国の全土で共通しているわけではありません。その国の一部の地域でおこなっているスタイルがそう呼ばれていま す。何事も「絶対にこうだ」と決めつけず、柔軟な対応のできる柔らかく優しい気持ちをもつことが大切なマナーです。

私がイギリスで生活をしていたとき、ホームステイ先でも会食時でも、いつも目にしていたスタイルは、食事休みのときにナイフの上にフォークをクロスさせて置くスタイルでした。生まれて初めてそれを見たとき、私はお恥ずかしながら、「この人、間違っている」と思ってしまったほど驚きました。しかしこのスタイルは、「私はあなた様をナイフで傷つけることはしません」という気持ちの表れからくるものだと知ったとき、大変感動しました。そして、食事終わりは6時に位置させます。これも初めて見たスタイルで驚きましたが、この理由は、お店の人が右からでも左からでも下げるときにナイフとフォークが邪魔にならないようにという配慮からなる型なのです。この理由にも大変感動し、以来、私はこのイギリス式で食事をすることがほとんどになりました。

しかし、前述の伯爵にこの話をすると、このスタイルはイギリスのシティやオックスフォードなど、一部の地域で広まっているスタイルであるということでした。また社交界デビューのデビュタントでのマナー指導では、食事休みのときにもフォークのハラを上にしてハの字にするというのです。この説も初めて知り、大変驚きました。伯爵ご自身も食事休みのときのフォークは、ハラを上にしています。

一般的にアメリカ式といわれている食事休みのサインは、先述同様にハの字にし、それぞれの持ち手は、テーブルの上に置くスタイル。食事終わりはフォークの背を下にして、3時の位置に置くとされています。一方、ティファニーのテーブルマナーの本では、食事終わりのときは、フォークの背を上にして終える、となっています。フォークの裏表だけでもさまざまな説があり、一定のスタイルはないのです。大切なことは、これらの知識を得た上で、TPPOに応じてどのようにふるまうかを選択するということです。

食事休みのサイン

イギリス式

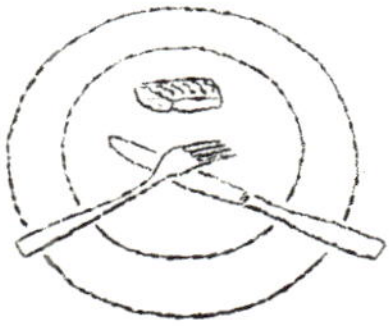

ナイフの上にフォークをクロスさせる。

フランス式

フォークの背を上にしてハの字。持ち手の柄の部分は、テーブルの上には置かない。お皿の中で完結させる。

※フォークのハラを上にしてハの字は社交界のテーブルマナー。

アメリカ式

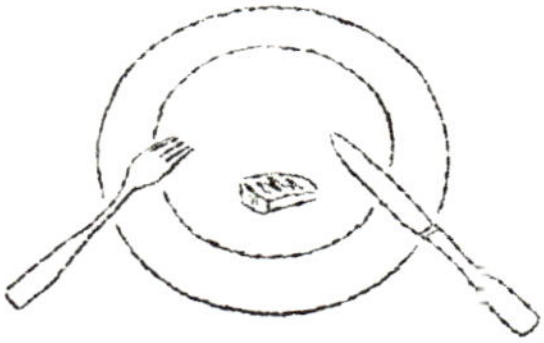

フォークの背を上にしてハの字にし、カトラリーの持ち手の端は、テーブルの上に置く。

食事終了のサイン

イギリス式

6時の位置
フォークの
ハラは上・背は下

フランス式

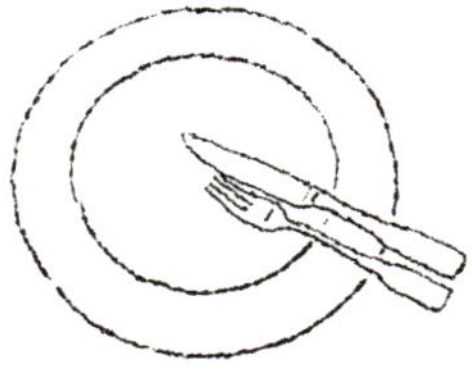

4時の位置
フォークの
ハラは上・背は下

アメリカ式

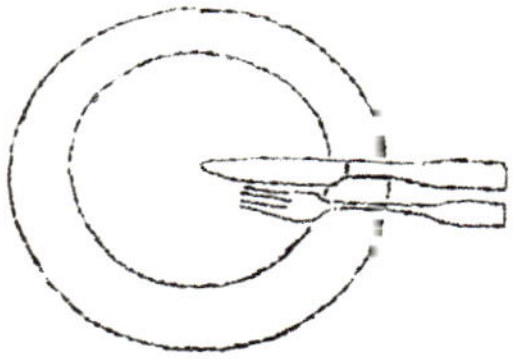

3時の位置
フォークの
ハラは上・背は下

※ ティファニーのテーブルマナー本では、フォークの背を上にして置くとされています。日本のレストランでサービス担当として活躍中の方々に、フォークの背を上か、下、どちらに向けてくれているほうが親切と感じるかをアンケートしました。結果は、背を下にするという派がダントツでした。フォークが安定し、運びやすいということでした。また、背を上にしたままで移動すると、お皿に傷をつけやすくなります。

食後まで美しく

弊マナースクールやマナーサロンの生徒さんとのテーブルマナー講座では、皆さんが日頃のお悩みを活発に言い合ってくださり、大変愉しく盛り上がります。さらにその内容に私自身が毎回感心するほどです。その内容は、すべて相手様に無礼のないようにという配慮からなるものです。食べ終わったときに、**ナイフにソースなどの付着物があると下げてくださるお店の方や同じテーブルの人たちに失礼な気がするので、ナイフをきれいにする方法はありますか**、という質問。ナイフが汚れたままだと、自分が恥ずかしいからという理由ではないんですね。本当にマナーの本質を心得た質問内容です。

さて、このような場合は、フォークの側面でナイフの汚れを落としていきます。柄に近いほうから、ナイフの先端に向かって、両面を削ぎ落とします。食べ終わったあとにそれをおこなうと、落としたものがお皿に残りますから、最後のひと口を残した状態でこれをおこない、一緒に食べると最後、お皿もカトラリーも美しく終えられます。

また、グラスに付着した口紅や汚れなどは、ナプキンや指でぬぐうことはしないというのが正式です。グラスに傷をつける可能性があるからです。口紅は、食事前にあらかじめティッシュオフをしておくとさほど気にはならないでしょう。問題は、食べ物からなる付着物です。こちらは、飲物を飲む前に、ナプキンで口をおさえることで軽減されます。さらに、グラスにあたる口先の範囲を小さめにするよう意識すると良いでしょう。おちょぼ口で飲む感じですね。しかし不自然な飲み方になるのはよろしくありません。そこでそれでも気になる場合は、右手親指のハラで軽くグラスをぬぐい、汚れた指は、ナプキンで拭きます。ただし、これらも周囲の人に合わせておこなうことをおすすめします。他の人がおこなっていないのに、貴女だけがおこなうのはかえって目立ってしまい、グラスを傷つけているなどと思われては本末転倒ですから。

所作を理解した上で、もっとも大切なこと

洋食の食べ方は、西洋で生まれたものです。ですから、その考え方や所作を尊重し、実践することが、マナーの心だと思います。私がイギリスでさまざまな国の人々とコ

ミュニケーションをとって感じたことは、欧米諸国の人々は、自然体である、自然の流れや成り行きなどを大切にしている、ということ。それがとても美しく感じられました。日本はどちらかというと、多くを型にはめ込み、その型から少しでもはみ出していると「それはおかしい」「間違っている」と人を指さす行動に出がちな面があります。テーブルマナーもその限りではないと感じることがあります。

海外の友人たちと話をしていると、「日本人は、どうしてこんな細かいことにこだわるの？」と尋ねられることがしばしばあります。なかには、「日本人女性は、礼儀正しく上品で良いのだが、一緒に食事をしていても、その所作にばかり気をとられているようで、コミュニケーションを愉しもうとする気持ちが伝わってこないから、それ以上、親しくなろうと思えない」とおっしゃる人も……。

そうなのです。特に洋食、そしてあとで詳しくお伝えする中国料理などでは、何よりも、その場を共にしている人たちと、食事の場を通じて良いコミュニケーションをとり、さらに良い関係を築くことが、テーブルマナーの最たるものとして重視されています。

人として美しい人、本物であればあるほど、周囲にいらぬ気を遣わせることのない

よう、度の過ぎる注文などはしません。相手の立場に立つという真のマナーを心得ているからこそ、わがままなことは言わないわけです。超一流の人は、細かいことは言わずして、相手が気づいてくれるように誘導します。一流の人は、細かい点を指摘せず、相手を尊重します。一方、マナーの型を少し知っているという人に限って、自分のもっている知識と異なる他人の言動に対し、否定し水をさし、その場の雰囲気を壊します。

人々に愛されるプリンセスは、その場の雰囲気を壊すようなことはしないでしょう。そして、食べ方の所作よりも、周囲の人々と心地良く愉しい時間を過ごすことに自然に注力します。とはいえ、ひと通りのテーブルマナーを知っていなければ、プリンセスのような美しい余裕を醸し出すことはできませんね。プリンセスも、しっかりとしたテーブルマナーを学び、今があります。それを日々、実践することで、型にはまることなく、柔軟で臨機応変な、自然体の美しい所作になります。美しく愛される貴女であるために、**食を共にする人たちとマナーあるコミュニケーションをとり、幸せをつかんでほしいと思います。**

海外でも愛されている和食の美しい食べ方

私がイギリスで生活をしていた頃、オックスフォードに日本料理店が1軒ありました。決して安いとはいえない金額でしたが、瞬く間に人気店となり、皆さんがお箸で日本料理を食べている姿を嬉しく思いました。

日本料理店では日本人の私に、お箸や調味料の使い方を尋ねてくる人が多くいました。当時、すでにマナー講師として和食の食べ方の知識があったため、自信をもって海外の皆さんにその食べ方を伝えることができました。

ユネスコの無形文化遺産にもなった和食。登録理由には、日本の自然がおおいに関係しています。四季が明確で豊かな自然をもつ日本ならではの新鮮な食材と素材の持ち味を生かした調理法や、一汁三菜を基本とする健康的な食生活の実現、季節、自然の美しさを取り入れた料理や器などでの表現。そして、年中行事と密接な関わりをもって育まれてきたことなど、和食は日本人の心豊かな美しさを表現しています。

年々増加している訪日外客や日本で生活している外国人の和食の食べ方は、実に礼儀正しいと感心することがしばしばあります。コンサルティング先のクライアントの社内食堂では、外国人社員が、両手でお椀を持ってからお箸を取り上げるという一連の流れを見事におこなっているのを見かけます。一方、日本人は、お箸を持ったまま、片手でお椀を取ったり……。もちろん、マナーは規則でも法律でもありませんから、日々の食事は気軽に食べてかまわないのですが、正しい所作を知っていてあえてしないのと、そもそも知らないのでは、品性に差が出てしまうことは否めません。

日々の食事の仕方にはその人の本性が表れる

私はＮＨＫ大河ドラマや映画、テレビ番組などで、俳優さんや女優さんなど芸能人の方々へのマナー指導や監修の依頼をいただきます。撮影現場ではそのシーンに適した所作をお伝えし、その上で、そのシーンの背景や人物のキャラクターなどの面からマナーを取り入れて、最終的にどのような動きにするのかを監督たちと決めていきます。場合に応じて型を崩すこともありますが、自宅で何気なくテレビを見ていると、あきらかにこれは違うんだけどなぁ……と思うことがあります。どんなにイケメン俳優でも、残念ながら食べ方ひとつで幻滅してしまうことも。少し厳しいと思われるかもしれません。しかし現実に結婚の決まったカップルが両家そろっての食事会のときに、食べ方のマナーを心得ていなかったことが発端となり、破談になったという話も聞きますし、内定後の役員との食事会で、食べ方をチェックされて内定取り消しになったというケースも実際にあります。しかし、反対に素敵な食べ方をすることが白馬の王子様の目に留まり、ハッピーになった人もいます。

食事の仕方はその人の本性が表れるともいわれます。外見を着飾る前に、食に対する感謝の気持ちからそれに伴う所作を身につけていれば、損をすることはありません。

食べ方に差がつく美しい箸使い

貴女は正しいお箸の持ち方を誰から教わったか覚えていますか？　また貴女がそれをどなたかに教えて、その人が貴女に教えてもらったことを覚えていてくれたら……。素敵なことだと思いませんか？　その人は、ずっと貴女に感謝をし続けることでしょう。それは後輩かもしれませんし、ご友人やお子様かもしれませんし、彼やご主人様かもしれませんね。マナーは、まずは相手へプラスをもたらし、結果的に自分にもプラスがかえってくるもの。お箸の使い方や和食の食べ方も、自分のためよりも、誰かのためにという気持ちをもてば、貴女の愛され指数は倍になります。ぜひ、お箸の正しい扱い方を身につけて、自信をもって和食を美味しく食べてください。

箸の正しい持ち方

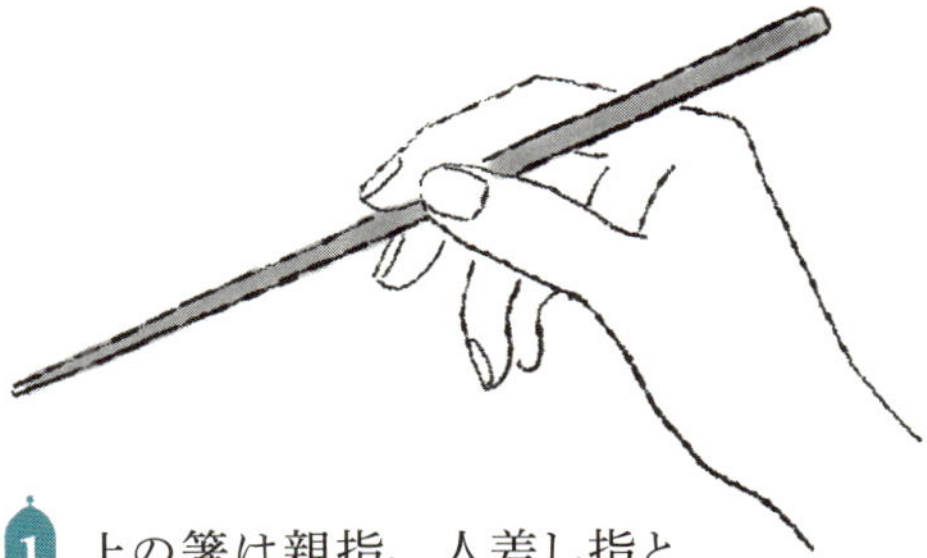

1 上の箸は親指、人差し指と
中指の第一関節で軽くはさむ

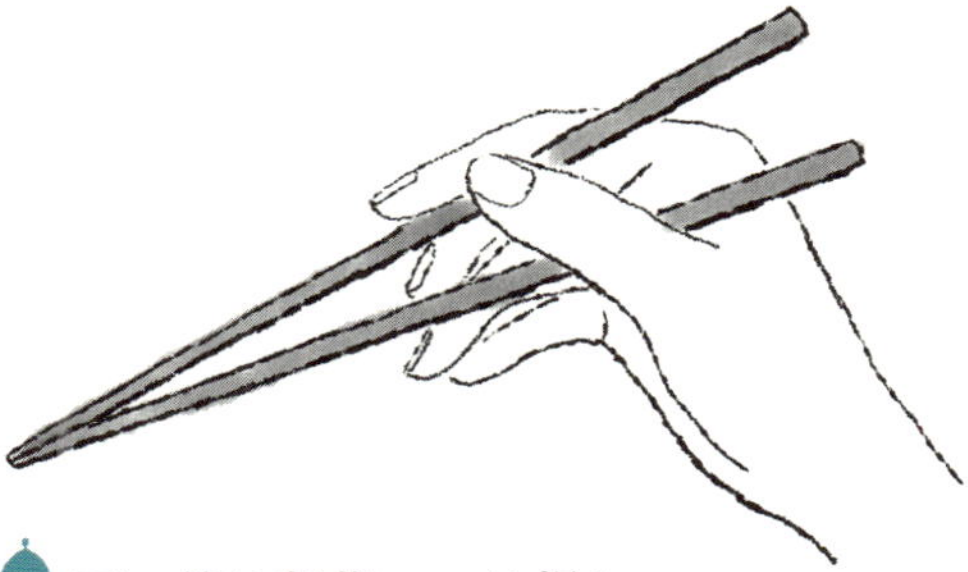

2 下の箸は親指のつけ根と
薬指の第一関節辺りで支える

※ 料理を取るときは下の箸を動かさず、上の箸だけを動かしてはさみます。

箸使いのタブー

箸使いには、してはいけないこと・決まりごとがたくさんあります。普段の生活から意識しておけば、いざというときに失敗はありません。正しい箸使いで、貴女もマナー美人に。

＊**寄せ箸**――箸でお皿や茶碗を引き寄せること。
＊**渡し箸**――箸を茶碗や器の上にのせて置くこと。
＊**迷い箸**――料理の上で箸をうろうろと動かすこと。
＊**もぎ箸**――箸に残った料理を口でもぎ取ること。
＊**洗い箸**――汁物などで箸を洗うこと。
＊**移り箸**――一度取った料理を器へ戻して、他の器の料理を取ること。
＊**搔き箸**――器に口をつけて、箸でかき込むこと。
＊**重ね箸**――ひとつの料理ばかり食べ続けること。
＊**嚙み箸**――箸の先端を歯で嚙むこと。
＊**空　箸**――料理に箸をつけておきながら、取らずに箸を置くこと。
＊**くわえ箸**――箸を口にくわえて両手を使うこと。

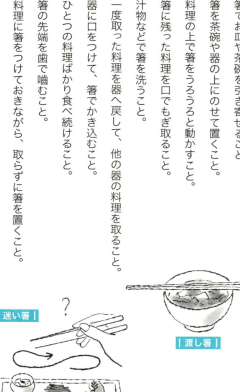

＊**こじ箸**――箸を使って料理の中を探ること。

＊**込み箸**――料理を箸で口の中に押し込むこと。

＊**探り箸**――箸を使って汁物の中を探ること。

＊**刺し箸**――箸を刺して料理を取ること。

＊**直　箸**――取り箸を使わずに、大皿から自分の箸で料理を取ること。

＊**すかし箸**――骨付きの魚を食べるとき、中骨を通して下の身を取ること。

＊**せせり箸**――箸で歯の間をほじくること。

＊**膳越し**――膳の向かいにある料理を箸で取ること。

＊**そろえ箸**――口や器を使って箸先をそろえること。

＊**叩き箸**――箸を使って器を叩くこと。

＊**違い箸**――そろいではない箸を使うこと。

＊**立て箸（仏箸）**――ごはんに箸を立てること。

＊**涙　箸**――箸の先から汁をたらすこと。

＊**握り箸**――箸をそろえて握りしめること。

＊**ねぶり箸**――料理を取らずに箸を口へ運ぶこと。

|こじ箸|

|そろえ箸|

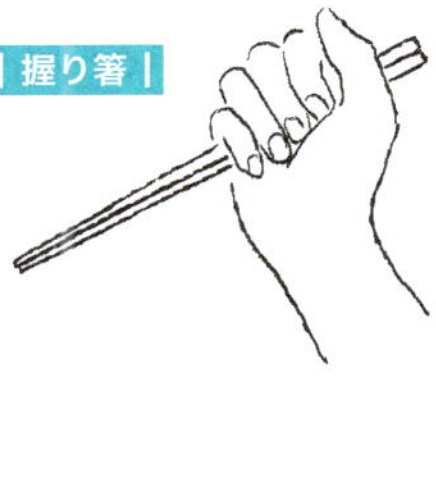

|握り箸|

＊箸渡し（合わせ箸、拾い箸、移し箸）―― 箸同士で料理を受け渡すこと。
＊二人箸 ―― ひとつの料理を二人同時に箸で取ること。
＊振り箸 ―― 箸を持ったまま手を振り回すこと。
＊持ち箸 ―― 箸を持った手で別の食器を持つこと。
＊拝み箸 ―― 両手で箸をはさみ、拝むようにすること。
＊横　箸 ―― 2本の箸をそろえてスプーンのようにして料理をすくい上げること。
＊受け箸 ―― 箸を持ったままおかわりをすること。

代表的なお箸の種類

＊祝い箸 ―― お正月や結婚式のときなどの慶事に使用する箸。
＊割り箸 ―― お店やお弁当などに付いてくる箸。
＊一般のお箸 ―― 自宅などで使用する箸。

祝い箸（両口箸）は、両端が細く、真ん中あたりを少し太くした丸箸。両方の先端を細くし、どちらを使用しても良い形状に。一方は神様、もう一方は人が使用するとされています。これは、神人共食の考えからなっています。祝い箸は、割り箸のように割ることはしません。もともと1本の祝い箸を2本使用します。割り箸は、「仲が割れる」「仲を割る」とされ、お祝いの席には不向きです。割り箸を使用するときには、意識しておきましょう。

このように、普段、当たり前のように使用しているお箸にも、深い意味が込められているのです。

知っておくと安心な会席料理の流れ

日本家屋は畳が主流ですが、近年の日本は洋室のお宅が多くなり、和室に慣れていない人も増えました。そのため社会人になって取引先や上司との会食、法事の席などでの振る舞い方がわからず、子どもにも教えることができずに困ったという話をよく聞きます。今は一般的にお店で食べるフォーマルな和食というと会席料理が主流です。

会席料理はフランス料理のフルコースと同じように、オードブルとなる先付けから始まり、メインがあり、デザートとなる水菓子や菓子、お茶という流れになります。

会席料理のメニュー

1 **先付け**——料理のはじめに出される前菜。つきだし・お通しなどとも呼ばれる。

2 **椀もの**——吸いものとも呼ばれ、ほぼ透明なすまし仕立てのお料理。

3 **お造り（向付け）**——2～4種類の刺身の盛り合わせ。

4 **煮もの（炊き合わせ）**——野菜や魚介などの煮物を盛り合わせたもの。出汁の染み込んだ具材を味わう料理。

5 **焼きもの**——季節の魚介や野菜、肉などを焼いたもの。

6 **揚げもの**——季節の魚介や肉、野菜などを揚げたもの。

7 **蒸しもの**——かぶら蒸しや茶碗蒸しなど、熱々のあっさりした料理。

8 **酢のもの**——海藻や野菜などの酢の物、和え物。口の中をさっぱりとさせてくれる。

9 **止め椀**——みそ汁。料理の最後になるため、「止め椀」と呼ばれる。

10 **ごはん**——「お食事」と言われて出される。

11 **香のもの**——漬け物。

12 **水菓子**——果物やシャーベットなど。

13 菓子・お茶 ―― 練りきりなどの和菓子が、ほうじ茶や煎茶や、抹茶などのお茶と一緒に出される。

和食は、左手前からお箸でひと口大に切って食べていくのが基本です。

和食には、あしらいと呼ばれる、美しい飾りとなる葉や花が盛られていることがあります。基本的にはすべて食べても良いもののはずですが、もし、食べられないものがあれば、料理を食べ始める前に、あらかじめ外します。外したあしらいは、その小鉢やお皿の奥にまとめておきます。

また、和食は必ず両手で食べると心得ておきましょう。小鉢に入ってきた先付けは、こぼさないように小鉢を持ち上げて食べてかまいません。大きめのお皿や、熱い椀などは持てません。その場合は、懐紙《かいし》を小皿代わりにしたり、椀の蓋をそれ用に使用します。

愛されるプリンセスのたしなみ「懐紙」

懐紙は、茶事で使用される、懐に忍ばせておく小さめの和紙のことです。器の飲み口を拭いたり、菓子器に盛られた菓子を受け取ったり、食べきれなかったお菓子を包んだりするのに使うもので、「ふところ紙」「たとう紙」ともいいます。実はお茶席以外でも、小皿の代わりにしたり、口元の汚れをおさえたり、お金を包んで渡したりなど、さまざまな使い方のできる愛され万能選手です。特に正式な和食の席では、紙ナプキンなどはテーブルの上に用意されていませんので、これを何枚か持参しておくと、いざというときに大変役立ちます。

懐紙は、和服の場合は胸元に入れておきますが、洋服の場合はバッグに入れておき、席についたら目立たないところに数枚出しておきます。使用した懐紙は小さく折りたたみ、お皿の隅に置きます。揚げものなどには水分をはじく「りゅうさん紙」をおすすめします。りゅうさん紙には、厚みがありませんので、その上に懐紙を重ねて使うと良いでしょう。

近年の懐紙は無地のものだけでなく、ワンポイントや季節に応じた絵柄が入っている素敵なものがたくさんあります。特に四季感を味わう日本の和食をいただくときは、懐紙にも四季のテイストを織り込む配慮があると、よりいっそう、食事を愉しむことができますね。おしゃれな懐紙入れもたくさん販売されていますから、好みのものを選んでみてはいかがでしょうか。**懐紙は利便性が高いだけでなく、貴女の女性度を上げてくれる小道具です。**いつも懐紙を携帯して、幸せを招き入れてくださいね。

会席料理のメインディッシュ

さて、会席料理のメインディッシュは、何だと思いますか？　実は、椀ものがメインディッシュなのです。ですから、蓋を開けたらすぐに食べ始めることはせずに、最初に具と食材を観賞するのがマナーです。食べるときには、**まず汁の香りを楽しみましょう。**続いて出汁をいただきます。出汁はそのお店の格を決めるといわれているものです。じっくりと味わい、その場にいる人たちやお店の人に感想を伝えるのがプリンセスの食べ方です。食べ終わったら、蓋を両手で持ち、出てきたときと同じ形に蓋を置きます。蓋の裏を表にして置いている人を見かけますが、蓋の面を傷つける可能性があるとして、これはマナー違反となりますので要注意です。

椀ものの食べ方

1 蓋を開ける（右利きの場合）。

1 左手の親指をお椀の手前、残りの指をそろえてお椀の奥へと添える。
2 右手で蓋の糸底を横からつまむ。
3 蓋の裏を手前（自分側）に向けて、お椀の中にしずくを落とす。
4 蓋はそのまま自分に向かって椀の上をとおり、自分の前にきたら左手を添え、両手で持つ。
5 そのまま、糸底を下にして、折敷の右外側に置く。右に置く場所がなければ、折敷の右外上でも良い。

＊折敷の中、右上に置いても良いのですが、器が大きくて置けない場合もあるため、折敷の外に置いてかまいません。また、蓋の糸底を上にして置くという説もあります。これは、糸底を傷つけないようにという考え方からなるものです。このように、蓋の置き方にも諸説ありますが、現代では、糸底を下にする人が多く見られます。

2 蓋は小皿代わりに使っても良い。

3 こぼさないように器を持って食べても良い。

4 大きい具材を食べるときは、一度、器を置いて箸でひと口大に切って食べる。

5 食べ終わったら、両手で蓋を持ち、最初と同じ形で蓋を置く。

蓋付きのお椀の蓋がくっついていてなかなか取れない、そんなときは、慌てずに落ち着いて、にっこりと平静を保つのがプリンセスです。お椀の手前と奥を同時に内側に押し、空気を入れます。それでも取れないときは、お店の人を呼んで、蓋を開けてもらいましょう。

お造りの食べ方には順番がある

私の開催する和食マナー講座でもっとも質問が多いのは、お造り（向付け）の食べ方です。お造りとは、2～4種類の刺身の盛り合わせのこと。盛り合わせも基本は同じで、左手前から右回りに食べていきます。多くは、まず淡白な白身から順に、濃い味のものへと盛りつけられています。最初に濃い味のものを食べてしまうと、淡白な刺身の味がわからなくなってしまうという配慮からです。しかしお店によっては、淡白なもの、濃いもの、そしてまた淡白なものと、交互に盛りつけている場合もあります。その場合は、交互に食べ、料理人の気持ちに応えます。いずれにせよ、お客様に美味しく食べていただきたいという料理人の気持ちの表れからなるものです。

刺身は基本、ひと口で食べます。もしも刺身が大きく、ひと口で食べられない場合は、真ん中で折って食べます。

穂しそは左手で持ち、しょうゆが入っている小皿に、箸で削ぎ落とします。わさびはしょうゆに溶かしません。適量を直接刺身につけていただきます。しょうゆに溶かすとわさびの風味が損なわれるからです。

刺身本来の味を愉しむため、しょうゆはつけすぎないこと。しょうゆがたれないように、しょうゆの入っている小皿か懐紙を持って口に運びます。先のとおり、りゅうさん紙を中に入れた懐紙だとより安心です。これは、天ぷらなどの揚げものを食べるときも同様です。決して手皿をすることのないように気をつけてください。

刺身に添えられているしそや大根のつまなどは、防腐作用や抗菌効果があり、消化不良を助けるはたらきをしてくれるもの。お口直しの意味も含めて、食べても問題ありません。また、飾り付けの花は食用花ですので、食べられますが、残す場合は、お皿の左上に寄せて、その上に懐紙をのせると見た目も美しくスマートです。

大皿や舟盛りから刺身を取るときは、盛られている刺身を崩さないように気をつけて。淡白なものから、取り箸で自分のお皿に2〜3種類を取ります。もし、取り箸がなければ、お店の人に頼んで持ってきてもらいます。気心知れた人との場合は、自分の箸で取っても良いですが、隣りの刺身に触れない気配りが必要です。箸を逆さにして取ることは控えます。また、大皿や舟盛りに直接しょうゆをかけることは言語道断。**周囲の人と共有して食べる場合は、いっそうの気配りが大切です。**

美しく見せる気遣い、しのび食いの作法

煮ものや揚げものなど、盛られている場合は、その形を崩さないように、上から食べていきます。食べるときは、箸でひと口大に切ります。揚げものは、お好みで天つゆや塩をつけます。れんこんなど、かたくて箸で切れないものは嚙み切りますが、それをお皿に戻すことはせずに、そのまま食べきるのがマナーです。どうしても、一度お皿に戻す場合は、嚙み切った箇所を人様に見えない側に置くように配慮します。そのひとつに「しのび食い」という作法があります。**しのび食いとは、嚙み切った箇所**

の歯形をなくすため、2、3回平らにするために小刻みに食べることです。しのび食いをしたものは、お皿に戻しても良いとされています。

和食で難しく感じるのは尾頭付きの魚の食べ方ではないでしょうか。尾頭付きのお魚は、上身を食べ終えたら裏返さずに、骨をきれいに取って、そのまま下身を食べます。このとき、尾頭を手で持つことが多いので、懐紙があると手を汚さずにすみます。

尾頭付きの魚の食べ方

1. 左手に懐紙を持ち、右手にお箸を持つ（右利きの場合）。
2. 懐紙を持った左手で頭を押さえる。
3. 尾ひれ以外の背びれなど、外せるひれを箸で取る。
4. 取ったひれは、お皿の左上にまとめておく。
5. 上身の中骨から上の部分、左の頭からひと口大に身を取り、右へと食べ進める。
6. 続いて、上身の中骨の下側を同様に食べる。
7. 下身を食べるときは、懐紙を持った左手で頭を持ち、箸で頭から尾ひれに向かって、中骨と身をはがしていく。

8 中骨を身からはがしたら、左手で頭を、右手に持っている箸で尾ひれを持ち上げ、お皿の奥に置く。

9 骨が折れるときには折って小さくしたものを左上にまとめる。

10 使用した懐紙は、取り外したひれや骨の上に置いて、それらを隠す。

11 下身は、左手前から右に向かって食べていく。

＊下身を食べるときに、魚を裏返すことはしません。

天ぷらの食べ方

天つゆで食べるとき

1 天つゆの器を持ち、多くても天ぷらの3分の1くらいまでにつゆをつけて食べる。

＊つけすぎると衣が水分を吸ってしまい、揚げたての風味を失います。

塩で食べるとき

1 好みの量を指でつまみ、直接ふりかける。

＊お好みで直接つけるのは間違いとはいえません。お店の方も、お客様のお好きな食べ方でどうぞ、とおっしゃいますが、つけ過ぎに注意しましょう。

茶碗蒸しの食べ方（右利きの場合）

1. 左手は器に添える。器が熱いので気をつける。
2. 熱いうちに、さじを器の内側と中身の間に沿って入れ、右回りに1周させて、器と中身をはがして食べる。
3. こぼさないように、器を持って食べても良いが、器が熱かったり、重い場合などは、その蓋や懐紙を受け皿代わりにする。

＊茶碗蒸しはお吸いものとして、飲むともいわれます。

ごはんとおみそ汁などの汁物、どちらが先か

これは、懐石料理か会席料理かで違いがあります。まず、懐石料理は、最初にごはんと汁物が出てきますので、お箸をしめらすという意味と、汁物のお出汁の味を最初に味わうという意味において、汁物が先となります。一方、会席料理では、料理の最後に出てきますので、どちらを先に食べても良いといわれています。会席料理では、これが料理長の最後の料理となるため、これらを止め椀といいます。よって、お酒は、

止め椀が出る前で終えるのがマナーとされています。

ごはんは左、汁物は右、香のものは奥に置かれます。日本ではお米は、太古から神様へお供えされています。お米の「稲」は、「いのちの根」という意味があります。日本神話では、天照大御神が稲穂を孫である瓊瓊杵尊《ににぎのみこと》に託し、日本を開拓繁栄させるよう神勅なさったといわれています。このように、神とお米は深い関係があり、日本は左上位という考えから、ごはんは左に置くとのいわれがあります。

ごはんが山型に盛られているときは上から食べます。平らに盛られていれば左手前からひと口ずつ食べます。おかわりをするときは、茶碗にひと口分のごはんを残し、その茶碗を差し出すと、おかわりの意味となります。

汁物はまず汁をいただいて、お出汁を味わいます。そのあと箸でひと混ぜして具材を浮かび上がらせて食べます。ごはんと汁物の前に香のものを食べると、今までの料理が「美味しくなかった」という意味になりますので気をつけて。また、高級店などではごはんの上に香のものをのせて一緒に食べるのは控えるほうが無難です。**ふたつの料理を同時に食べないと心得ておきましょう。**

水菓子・和菓子の食べ方

洋食にデザートがあるように、和食にもデザートがあります。和食のときには、果物やシャーベットなどの水菓子と、練りきりなどの和菓子が、ほうじ茶などのお茶と一緒に出されます。

果物は、ついてきたフォークなどで刺していただきます。皮のあるぶどうなどは、皮を手でむいて食べます。ぶどうの皮は花びらを作るようにむくと見た目にも美しく華やかな印象で食べることができます。種を口から出すときは、左下を向き、口元を懐紙で隠し、そこに出し、懐紙ごとくるんで置きます。ひと口で食べられないメロンなどの場合は、左からひと口大に切って食べます。

和菓子は、黒文字がついていれば、それを使って左からひと口大に切り分け、刺して食べます。生菓子はできればひと口で食べるのが本来のマナー。無理なときは半分に切り、ふた口で。スプーン付きの和菓子は、ひとさじずつ、すくって食べましょう。

蓋付きのお茶の蓋は、118ページでお伝えした方法で取ります。利き手を湯のみ茶碗の上から、縦真ん中の手前に親指を、奥に人差し指を置き、もう一方の手を軽く茶碗の下のほうに添えて持ち上げます。持ち上げたらすぐに、その手を茶碗の底に添えて支え、利き手は茶碗の側面に移動させ、両手で飲みます。

食事後は、空いたお皿を重ねてテーブルの上を片付けようとしてしまいがちですが、高級店などでは、お皿は重ねずに出てきたままの状態にしておくのがマナーです。お皿を重ねることで、傷をつける可能性があるからです。よかれと思っておこなったことがマナー違反になるのでは、本末転倒です。

ツウだとわかるお寿司の食べ方

お寿司は、1皿100円の回転寿司から、時価の高級店までさまざまです。マナーを知っていれば、どのようなお店に行っても、迷わず堂々と共に食する人たちとともに有意義な時間を過ごせます。

寿司店では、カウンター内にいる大将の前の席が最上席といわれています。目の前にある新鮮なネタを見ながら、カウンター内の寿司職人とのコミュニケーションをとりながら食べるのがツウな姿です。食のマナーでは、料理を作る人に対しても配慮します。寿司職人の立場に立てば、新鮮なネタは出したらすぐに食べてほしいもの。特にカウンター席で食べるときは、出されたらすぐに食べることが、お店側へのマナーとなり、美味しく食べるコツでもあります。しかし、同伴者が話に夢中になってなかなか食べないのに、自分だけすぐに食べるわけにもいきませんね。相手が目上の方であればなおのことです。このようなときは、「こちら美味しそうですね」などと召し上がるようにさりげなく誘導して差し上げることができると素敵です。

お寿司屋さんでオーダーをするときは、お店にお任せする「おまかせ」と、松竹梅などの値段が決まっている「お決まり」、そして自分で好きなものを注文する3パターンがあります。

自分で注文をする場合、にぎりの前につまみ（刺身）をオーダーするのがツウです。それも、味が淡白な白身の刺身からオーダーします。お酒とともにつまみを楽しみます。その後、にぎりを注文します。にぎりもはじめは白身や貝類など淡白なものからいただき、続いてまぐろなどの赤身、トロやうなぎなどの味の濃いものへと移ります。その後、軍艦巻きやカッパ巻きなどの巻物を食べ、つまみの玉子で終えると「この人は寿司の愉しみ方を知っている」とお店の人からも一目置かれることでしょう。そして最後に汁物で締めるのがツウな人の食べ方です。食べる順序があるのは、濃い味を先に食べると白身などの繊細な味がわからなくなってしまうからです。

さて、お寿司は手で食べるのか、お箸で食べるのか。悩む人も多いでしょう。答えは、どちらでもかまいません。お寿司は、もともと、手で食べるものでしたので、手で食べるほうがこぼれにくく安心です。これにも諸説ありますが、カウンターで食べるときは手で食べ、テーブル席ではお箸を使う、などともいわれています。

もし、どうすればいいのかわからないときには、一緒に食べている人に合わせることをおすすめします。女性の場合は、手で食べることに躊躇する人もいらっしゃると思います。一緒にいる人が手で食べた場合、それが目上の方であれば「私も手で食べてみていいですか？」と聞いて、相手から反応をもらえると安心して食べることができるでしょう。多くの人は、相手がどう思っているのか、それが気になるから悩むわけです。そういうときには、悩んでいる時間がもったいないと私は思うのです。だから、自分から心を開いてコミュニケーションをとることで、ほとんどは解決します。

手で食べるときの持ち方は、親指と中指でにぎり寿司の両脇を持ち、人差し指を上に添えて、薬指と小指は軽く添える程度に。ネタの先端に少しだけしょうゆをつけてひと口で食べます。注意点は、シャリ（ごはん）をしょうゆにつけないことです。そうしてしまうと、シャリが崩れてきますので要注意です。

私は個人的に、お寿司は手で食べるのが好きですが、女性がお箸で美しく食べている姿も素敵だなと感じます。お箸で食べる場合はお寿司の両脇をはさみます。少し斜めにしてネタの先端にしょうゆをつけて食べます。しょうゆがたれないように、しょうゆ皿か懐紙を持って、ひと口で食べます。

お箸でも手でも、お寿司を食べるポイントは、ひと口で食べることです。もしひと口で食べることが難しいときは、噛み切って食べますが、それをお皿などに戻すことはしません。残っているお寿司は、手やお箸に持ったまま、ふた口目で食べ終えるようにします。

軍艦巻きは、下の海苔の部分に少しだけしょうゆをつけてひと口で食べます。ネタ側にしょうゆをつけようとすると、ネタが落ちてしまいます。

太巻きは、ひと口で食べるのは難しいので、半分くらいを噛み切り、それを持ったまま、残りを食べます。女性など噛み切ることに抵抗のある人は、最初に箸で半分に切り分けても良いですが、海苔の部分は箸ではなかなかきれいに切れず、食べ崩しの原因にもなるので、なるべく切らずに食べることをおすすめします。

ちらし寿司は、左手前からネタにわさびをのせて、しょうゆをつけて食べます。いくらなどのしょうゆをつけにくいネタは、刺身やガリからの移しじょうゆをするとスマートです。

大人数で愉しむ鍋料理

鍋料理は大人数で愉しみながら食べられる料理です。だからこそ、互いに対する配慮がいっそう大切な料理といえます。鍋料理でもっとも多いお悩みは、他の人の分を取り分けるべきかどうか、でしょう。高級鍋料理店であれば、そのテーブルについてくれる担当係の人が、鍋に具を入れてくれて、食べごろになったら、それぞれによそってくれます。また、薬味やたれなど、おすすめの食べ方も紹介してくれます。

一方、そうではないお店の場合は、基本的には自分のものは、自分で取って食べるのがマナーですから、他人の分を取り分ける必要はありません。特に海外では、その習慣が身についていますので、お店の人以外の人が取り分けることを不思議に思ったり、嫌う人もいます。

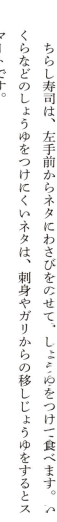

しかし日本では取り分けることで、気が利く人、親切な人だと思われる傾向があります。取り分けると、いい人ぶっていると思われそうで躊躇する、というお悩み相談もよく受けます。そんなときは、具が煮えて食べられる状況になったら「そろそろ、食べごろになりました。お取り分けいたしましょうか？」と聞いてみましょう。あくまでも、相手の意向を伺うことが大切なマナー。自分で好きなものを好きなだけ取りたいという人もいらっしゃるからです。

具を取るときは、専用の取り箸で取ります。なければお店の人に頼んで持ってきてもらいましょう。「苦手なものはございますか？」や「何がよろしいですか？」「つゆも入れますか？」などと声をかけて、一人一人の好みを伺いながら、バランス良く取っていきます。

自分で取る場合は、自分の好物ばかりを取って、もくもくと食べるのは御法度です。周囲の様子を見ながら、みんなのペースに合わせて食べましょう。

鍋料理でのタブーは、一旦箸で取ったものを、「やっぱりやめた」といって鍋に戻すことです。仮にまだ煮えていなかったという理由から戻したとしても、これを不快に思う人もいます。煮えたか煮えていないかは、お玉などで確認をしてから取るようにしましょう。

カニは、専用のピックで身を出してから食べます。お店で食べるときは、殻に切り目を入れてくれているので、そこから殻を左右に割って身を出します。

殻付きのエビは、別の取り皿にエビを置き、左手に懐紙を添えてエビの頭を押さえ、頭と尾を箸で切り離します。殻は箸でむいていきます。手を清めるナプキンなどがあれば、手でむいてもかまいません。エビの身を箸でひと口大に切るのは難しいので、噛み切って食べて良いです。その場合は、噛み切ったものを途中でお皿には戻さないで、そのまま食べ続けます。

また、頭のみそをすするのもかまいません。ただし、目上の人が同席している会食の場では、主賓や目上の方がおこなったら、自分もおこなうようにします。人前ですするのが恥ずかしいと思ったら、無理にすする必要はありませんから、ご安心くださいね。

彼のハートを射止めた焼き鳥の食べ方

焼き鳥は、本来は串に刺したまま食べます。焼き鳥は先に食べる串の先は薄味で、串の下にいくにつれて徐々に濃くなるよう味付けされています。串から外して順番に関係なく食べてしまうと、作り手の方をがっかりさせてしまいます。しかし女性の場合は、串にかぶりつくのを恥ずかしいと思う人もいらっしゃるでしょう。お箸で外して食べる場合は、順番を把握し、上に刺さっていた具から食べるようにしましょう。

おすすめは、串の先端の1、2個はそのまま食べて、串のまま食べづらくなったら、箸で取り外して、温かいうちにいただくことです。また、本来は自分で取ったものは自分で食べるものです。串から外してみんなでシェアして食べるのは、居酒屋では良いと思いますが、ある程度のお店では控えたほうが良いでしょう。

私の生徒さんが、彼の前で焼き鳥を食べるのが恥ずかしく、それをお箸で取り外そうとしたら、彼に「串につけたまま、こうやって食べるほうが美味しいよ」と言われ、恥ずかしかったけど彼を真似て串のまま食べたそうです。その姿を見て彼は「可愛い！」と思い、今では2人の可愛いお子様と幸せに暮らしています。

マナーは型どおりにするとか、恥をかきたくないとか、きれいに見せたいとか、そういうものではないのです。マナーは、相手を思いやることで、貴女が幸せになるためにあるのです。

日本人の心意気を感じるそばやうどん

もりそばは会席料理のお食事の際に、ごはんの代わりに出てくることもあります。カジュアルな食べ物ですが、日本を代表する人気の和食のひとつです。外国人も、そばやうどん、ラーメンなど、日本の麺類に興味をもちます。外国人に対する接待時の話題のひとつとしても活用できる、ツウなそばの食べ方をお伝えします。

まずせいろの中央から、ひと口ですすれる量（そばは6本程度、うどんは3本といわれています）のそばを取ります。箸を横にしてせいろの中央から取ると、からまずにスムーズです。最初は、何もつけずにいただきます。

続いて、つゆをそばちょこに、4分の1程度入れます。そばちょこを両手で持ち、次に箸を持ち、そばちょこを利き手でないほうの手で持ちます。ひと口ですすれる量のそばを取り、そばの3分の1程度につゆをつけて食べます。つゆをつける量は好みで良いのですが、つけすぎはそば本来の味が消えてしまうので、要注意です。

次に、味の薄い薬味から1品ずつそばちょこに入れ、それぞれの味を楽しんで食べます。わさびは溶かさずに、箸に少しつけて、そばと一緒に食べても良いです。途中でつゆが薄くなったら、注ぎ足して好みの濃さにします。

食べ終わったら、そばちょこにそば湯を注ぎ入れて飲みます。そば湯はそばをゆでたときのゆで汁のことです。そばに含まれる栄養が溶け出しているので、体も温まり健康に良いといわれています。

元来お寿司やそば、うどんなどは、現代風にいえばファーストフード的存在で、カジュアルな食べ物といえます。時間のないときに、早く食べられることでも人気です。よって、本来は作法を重視するものではないといえるでしょう。

そばは「音を立てて食べるのも美味しさのうち」とか、「噛むのは4回まで」、などといわれていますが、実際には人それぞれの感じ方があります。音を立てて食べるのは、おそらく急いで食べるから音が出る、といったところではないでしょうか。また、そばを噛むのは4回まで、とか、「うどんは噛まずに喉で食べる」などは、それぞれの風味を楽しんでほしいという意味合いからだと思います。しかし健康面を考えると、よく噛んで食べたほうが良いでしょう。

また、会席料理などのあらたまった席でそばが出たら、なるべく静かに食べるなど、TPPOに合わせた食べ方を使い分けることのできる人が、真のマナー人といえます。外国人は、音を立てて食べることを嫌う人が多いようです。しかし最近では海外の人も、日本ではそばやうどん、ラーメンは音を立てて食べるのがマナーと思ってくださる方も多くなりました。

日本人でも音を立てて食べるのが苦手、また恥ずかしいと思っている人もいるでしょう。そういう人に対して、それを強要するのは、マナーとはいえません。

うどんも同様です。うどんもカジュアルとはいえども、「うどんすき」などの高級店もあります。うどんは喉で味わうために飲み込んで食べる、といわれることもありますが、それに抵抗のある人や慣れない人もいます。最大のマナー違反は、人がその作法をおこなわずしているのを見て、「あの人は無作法だ」などと言うことです。周囲に迷惑をかける食べ方でなければ、食べ方はその人の自由。広く大きく深い心を持って、いつも心を微笑ませていたいものですね。

大勢で愉しむ中国料理のマナー

中国料理店は世界中にあり、自宅へのデリバリーも豊富で、中国料理は世界中の人に人気です。中国料理は、みんなで愉しく美味しいお酒と食事を愉しむことを何よりも大切にしていると感じます。

私は、2008年の北京オリンピックの年に、マナー強化対策をとっていた中国で、マナー本の出版や、企業研修や講演、雑誌の連載などの依頼を多数受け、以後、中国でのマナー教育もおこなっています。本場中国で仕事関係者の方々と食事をしたとき、最初に驚いたことは、中国ではお皿を持って食べてはいけないということです。和食同様にお箸を使って食べるので、ついお皿を持ち上げて食べてしまいがちですが、こぼさないように食べるときには、小皿の代わりにれんげを使います。右利きの人はれんげを左手に持ち、その中で料理をいったん受けたり、ひと口大に切ったりします。

中国料理では大皿に盛られた料理を個人個人が小皿に取っていきます。高級料理店では、お店の人が最初に取り分けてくれる場合もあります。そのテーブルで最上位の人から料理を小皿に取っていきます。最上位の人から見て左側に2番目に位の高い人が座ります。よって円卓のターンテーブルは、時計回りに回していきます。小皿は1品にひと皿を使用します。料理の味が混ざらないように食べてほしいという作り手や、お店側の配慮ですね。

中国料理は、北京料理、上海料理、広東料理、四川料理などがあります。宮廷料理が発展したものは北京料理で、北京ダックや青椒肉絲《チンジャオロース》などが代表的です。

＊**北京料理**　北京ダック・青椒肉絲　など

＊**上海料理**　上海ガニ・豚肉の角煮　など

＊**広東料理**　干しアワビのステーキ・飲茶　など

＊**四川料理**　麻婆豆腐・海老のチリソース　など

ターンテーブルでのスマートなふるまい

席次の話になると、日本は左上位で、海外では右上位といわれています。会議の円卓では、最上位の人や議長から見て、2番目の人は右に位置し、3番目の人は左、その後、それにつづいて、右左となります。ところが中国料理を食べるときの円卓では左右が逆になります。これは、中国の歴史と関係します。

中国では昔、皇帝は南に向かって座り、その位置から見て、陽が昇る東の左側を優位としました。そこで中国では左上位となり、2番目の人は最上位の人の左に、3番目は、右に位置することになりました。日本は、それにならい左上位です。しかしその後、中国では時代によっては、右上位となったり、左上位に戻したりとさまざまです。マナーとして大切なことは、そのお店やそこにいる人が右上位とするのか左上位とするのかに合わせるということです。奥深いマナーの真髄には、ペーパーテストのように決まりきった正解、不正解はない、というのが現実です。

ターンテーブルの上には、自分のお皿やグラスを置かないように注意しましょう。またビール瓶のような安定しない瓶なども置かないように。回している途中で倒れたら、グラスや瓶が割れたり、飲物がこぼれたりと大変なことになります。

大皿が自分の前に回ってきたら、回してくれた右隣りの人に「ありがとうございます」と御礼を伝え、すみやかに自分の小皿に適量を取ります。よかれと思って、左隣りの人の分を取ってあげたりすることはNG。これはビュッフェなどでも同様です。

自分の分を取り終えたら左の人に「お先に失礼いたしました」「どうぞ」などのひと言を添えて、回して差し上げるのが、愛されるプリンセスのマナーです。

食べ始めるタイミングは、同じテーブルの人全員に最初の料理がいきわたり、そのテーブルでの最上位の人が食べたら、他の人も続いて食べ始めます。自分が最上位でない限りは、他の人が食べていないのに自分だけ食べるようなことはしないように。

サーバー、お箸、れんげの使い方

大皿料理から小皿に取り分けるときの、正しいサーバーの使い方をご存じでしょうか。サーバーとは、料理を取り分けるための大きなスプーンとフォークのことです。

某人気テレビ番組にて、芸能人の方々にサーバーの正しい使い方のマナー監修をおこなったとき、残念ながら正しい使い方をされた方はいらっしゃいませんでした。これを教わる機会はなかなかありませんね。**サービスをするお店の人は片手でおこないますが、お客様は両手で使用してもかまいません。**両手の場合は、スプーンを左手、フォークを右手に持ち、スプーンを手前、フォークを奥に位置させ、2本を平行にして、両方から料理をはさみます。取りにくい料理の場合はスプーンの上に料理をのせて、上からフォークで押さえて持ち、小皿へ移します。サーバーを大皿に戻すときは、フォークを下にし、スプーンは裏返しにしてその上に重ねます。料理に触れる部分をお皿にかけ、持ち手の柄の部分は、テーブルの上に置きます。柄に料理がついて次に使用する人の手を汚さないようにするための配慮です。

大皿は大変重たいので、持ち上げません。お店の人にお任せします。取り分けるときには、小皿を大皿に近づけて取りましょう。また、しょうゆや酢などの調味料は、それ専用の小皿に入れます。料理を入れる取り皿と一緒にはしません。

中国料理も和食と同じように、お箸を用いて食べる文化です。**お箸の持ち方は同じですが、小皿を持たずに食べますので、和食のときのような細かい作法はありません。**中国料理のお箸は、洋食のカトラリーのように、右側に縦に置かれます。食べている途中は小皿に箸先をかけ、ひとつの料理を食べ終わったら、箸置きに戻します。日本のように手前に横にしておくと、「ごちそうさまでした」のサインとなります。しかし近年では、最初から日本同様に手前に横にして置いてあるお店もありますので、そのお店のスタイルに準じます。

中国料理を食べるときに重宝するのが、れんげです。れんげはスープやチャーハンなどを食べるときにはスプーンとして使用し、麺をいったん受ける小皿としても役立ちます。れんげの持ち方は、くぼみに人差し指を入れ、柄の部分を親指と中指ではさむようにして持ちます。食べるときには、口とれんげが垂直になるように、れんげの先端を口に持っていきます。このときも、器は持ち上げません。

和食とは違う、殻付き小エビの食べ方

中国で友人や仕事仲間と食事をしたときに、もっとも驚いたのは、殻付きの小エビの食べ方です。日本では箸や手で頭と脚を取り、殻をむくとされています。手で尾を持って食べてもよいですし、お箸で食べてもかまいません。ところが中国では、殻ご

と口の中に入れて、器用に口の中で一瞬にして殻を外し、身を食べ、殻を出すのです。郷に入れば郷に従うで、私もいつもチャレンジするのですが、未だに時間がかかってしまいます。それでも、本場の中国で皆さんと同じ食べ方をすることにより、大変喜んでくださいますし、「ヒロコ、できた?」と良いコミュニケーションにもなり、食事を通じていっそう親しくなれます。

北京ダックの食べ方

人気の中国料理のひとつである北京ダックは、お店によって、さまざまな作り方があります。ここではもっとも簡単に巻ける方法をご紹介します。

1 皮の上にみそをぬり、ダック・ねぎ・きゅうりを、中央よりやや上に縦にのせる。

2 皮は具を包むように下から上に折り、続いて左から右へ折る。

3 最後に右側から左へ折り包む。

4 手で持ち、皮が折り重ねてある側を上にして、開いているほうから食べる。

飲茶のお店は社交の場

少し小腹がすいたときなどに、ひと口サイズでさまざまな種類を食べることのできる飲茶は女性にとって嬉しい食べ物です。飲茶は唐の時代に誕生したとされています。当時はお茶を愉しむためのもので、ナッツ類やお菓子がお茶うけとして出されていたそうです。現在の飲茶は、中国茶を飲みながら、点心をつまむスタイルとなりました。ひと口に点心といっても、種類はいろいろあります。

まず点心とは、デザートのことをさします。杏仁豆腐やマンゴープリン、ごま団子などが有名です。甘いものだけではありません。春巻きやしゅうまい、餃子、小籠包などは、甘くない点心となります。麺類などの軽食もその範囲とされることもあり、食事代わりになることもしばしばです。

飲茶の主役である中国茶にも多くの種類があり、茶葉の銘柄や茶器、地域などによってその淹れ方も異なります。お茶が急須に入って出てきたときは、そのまま茶碗に注ぎます。おかわりをしたいときには、急須の蓋を裏返しにするか、ずらしておきます。また、指でテーブルをたたくともいわれています。そうすることが、おかわりの合図となります。蓋付きの茶碗の場合は、中に茶葉が入っています。飲むときに蓋を少しずらし、その隙間から、茶葉が口に入ってこないように飲みます。

飲茶はもともと、お茶をいただきながら歓談をすることを目的にしたものです。飲茶のお店は社交の場として発展したのです。これはイギリスで生まれたアフタヌーンティーと似ています。プリンセスには社交の場は欠かせません。飲茶を食べるときにも、しっかりと基本のマナーを身につけて、多くの方々と優雅にその交流を愉しみたいですね。

中国茶の種類

中国茶は、種類が豊富で味も香りもさまざま。種類は発酵度合いによって分けられます。

＊**黒茶**（くろちゃ）――消化促進、脂肪燃焼の効果がある。プーアール茶が有名。

＊**緑茶**（りょくちゃ）――中国茶でもっとも飲まれている種類。日本の緑茶に似た爽やかな味わい。

＊**青茶**（せいちゃ）――血液中の中性脂肪を減少させる作用がある。烏龍茶が代表的。

＊**紅茶**（こうちゃ）――燻製したような独特な香りと風味が特徴。渋味や苦みがない。

＊黄茶（きちゃ）――生産量が少なく、高級茶とされている。

＊白茶（しろちゃ）――ソフトでデリケートな味と清らかな香りをもつ。高級茶。

優雅にお茶を愉しむアフタヌーンティー

香り豊かな紅茶とともに、銀の3段トレイに美しく盛られたサンドウィッチにスコーン、そしてスイーツを優雅に食べる姿に憧れたことはありませんか。若い頃の私は、このアフタヌーンティーに憧れたものの、どのように食べたらいいのかわからず、気後れしてそれを食べることができませんでした。

31歳でアフタヌーンティーの発祥の地、イギリスに行き、本場で初体験をしてみようと、お店でオーダーをしました。すると、普通のお皿にシンプルなきゅうりのサンドウィッチが出てきました。アフタヌーンティーといえば「スコーンでしょう!」と思った私は、「スコーンはないのですか?」と尋ねました。すると、「今、焼いている最中です。あとでお出しします」と。今焼いているなんて、なんて遅いのかしら?と不満に思いましたが、「あとで出てくるのであれば、まぁ、いいか」と思いました。しかし、今度は、この普通のお皿が気に入りません。どうして、銀の3段になっているトレイで出てこないのか? 私はそれを期待し、愉しみにしていたのに……と、そのお店に入ったことを後悔しました。

のちにわかったことですが、実は、あの銀の3段トレイのスタイルは、簡易的なスタイルなのです。もともとのアフタヌーンティーは、まずは大皿に盛られたサンドウィッチが出てきます。それをメイドさんが運んでくれるので、自分のお皿に自分で取ります。そして、サンドウィッチを食べ終えるタイミングで焼き立てのスコーンが出てきます。スコーンは焼き上がるのに約20分かかります。アフタヌーンティーも、145ページでお伝えした飲茶同様に、社交の意味合いが強いものです。小腹がすいた時間に、素敵なお友達と、美味しい紅茶を飲みながらサンドウィッチを食べて、愉しいおしゃべりをすれば、20分なんてあっという間でしょう。そして、最後にデザートとなるスイーツが運ばれてきます。私が失敗したと思っていたイギリスでの初アフタヌーンティーは、失敗どころか、元祖アフタヌーンティーだったのです。

貴族社会に生まれた習慣

アフタヌーンティーに欠かすことのできないお茶をイギリスに持ち込んだのは、1662年にイギリス国王チャールズ2世に嫁いだ、ポルトガル王女のキャサリン妃といわれています。当時、お茶は東洋の秘薬といわれており、大変高価で貴重なものでした。また、このお茶に砂糖を入れて飲むことも、キャサリン妃が紹介したといわれています。当時、砂糖は西インド諸島でしかとれなかったため、砂糖も大変な高級品とされ、希少価値の高いものでした。お茶を淹れるポットも銀製で高価なものであり、それにお湯と茶葉を入れて蒸らし、高価なティーカップに注ぐことは、今以上に優雅だったことでしょう。

その後、アフタヌーンティーを誕生させたのは、イギリスの7代目ベッドフォード公爵夫人のアンナ・マリア。当時の食事は、朝と夜の2回。この頃から夜は灯りが灯されるようになり、人々の行動時間も長くなりました。それに伴い夕食の時間は20時や21時頃と遅くなるわけです。そうなると朝食から夕食までの時間があき、おなかがすいてしまいます。アンナは夫におなかがすいて、気分が落ち込んでしまうと相談しました。好きに食べればいいのに、と思われるかもしれませんが、当時はヴィクトリア社会。1日2食という貴族の慣習を変えることは、とても難しい時代背景があり、相当の批判を浴びることを覚悟しなければならなかったのです。

もともと育ちの良いアンナは、気取ることなく、大変気さくで心優しい社交家として、ベッドフォードに住む人々から愛されていました。趣味はガーデニングや演劇。また手芸にもたけており、自ら刺繡をした品を客人たちに贈っていたともいわれています。このようなアンナは夫からも愛されていました。そしてアンナは自分と同様に夕方頃におなかをすかして元気がなくなる友人の夫人たちを自宅に招き、紅茶とサンドウィッチやお菓子でもてなすようになりました。1日2食の習慣を変えることに対して批判されないか心配していたアンナですが、アンナのもてなす紅茶、サンドウィッチやお菓子が流行となっていきました。これがアフタヌーンティーの誕生です。そして、のちに、一般にも普及するようになったのです。

このように、**元来のアフタヌーンティーは、自宅でもてなすものです。**そのためには、多くのメイドなども必要です。そこで自宅に招くことが難しい人が、ホテルに招くことにしました。ホテルでは、多くの客人、お一人お一人にサンドウィッチやスコーン、スイーツをサービスするとなると、それなりの人員が必要となります。そこで登場したのが、3段トレイなわけです。先のとおり、本来スコーンは焼き立てを食べるのが好ましいので、ロンドンのマンダリンオリエンタルホテルではお声かけをして焼き立てのスコーンを持ってきてもらいます。東京のマンダリンオリエンタルホテルも同様に、最初からスコーンは置かれていません。3段のトレイのことを、スリーティアーズといい、2段のものもあります。2段のものはダブルティアーズといいます。テーブルの上に数種類のサンドウィッチやスコーンなどを人数分並べるには、相当に広いテーブルが必要となりますが、スリーティアーズは場所を取らないという意味においても重宝されました。

憧れのスリーティアーズ

スリーティアーズの一番下には、サンドウィッチ。真ん中にスコーン。一番上にスイーツが盛られます。食べる順番は、下から上へ。甘くないものから食べます。

アフタヌーンティーのナプキンは、25センチ×25センチの小さめのものが主流です。この大きさのナプキンは、折らずにそのまま広げてひざの上に置きます。

伝統的なアフタヌーンティーのサンドウィッチは、四角い食パンを4分の1にカットしたもので、パンは薄切りで、耳はとります。伝統的な食べ方は、サンドウィッチを右手に持ち、片手で食べます。比較的小さめですので、男性であればひと口で食べられるかもしれませんが、女性はふた口かみ口で食べると良いでしょう。食べかけたものをお皿に戻すことはせず、ふた口目、み口目と食べきります。ナイフとフォークが出されていれば、少し大きめのサンドウィッチは、カットして食べてもかまいません。

伝統的なアフタヌーンティーでは、必ずきゅうりのサンドウィッチが出てきます。昔、きゅうりは高価なものだったので、おもてなしの気持ちを表現していたのです。今はきゅうりのサンドウィッチは、伝統の心を表すものとされています。その他、たまごやトリュフ、スモークサーモンなどのサンドウィッチが用意されます。具とパンの相性も考えられており、スモークサーモンには、全粒粉の茶色いパンが用いられていることが多いですね。

座っている場所とテーブルが離れている場合は、取り皿をナプキンの上（太ももに置き、そこにサンドウィッチなどを置いて食べます。このとき、お皿を持ち上げてはいけません。洋食と中国料理のテーブルマナーでは、お皿を持ち上げないと心得ておきましょう。

イギリスは階級社会で、アフタヌーンティーはもともと、アッパーミドルクラス以上の人の食べ物とされていました。当時のイギリスでは、アフタヌーンティーの正式なパーティもあったほどで、ドレスコードは女性はティーガウンといわれるガウンをまとい、男性はモーニング。舞踏会の社交ダンスのような、ティーダンスと呼ばれるダンスもあるほどなのです。現代では、優雅でお洒落なティータイムというイメージですが、アッパーミドルクラス以上の人たちは、マナーを大変重視なさっており、幼少期からそれを学んでいます。

クリームが先か、ジャムが先か

スコーンは両手で水平上下に割ります。冷めると割りにくくなるので、温かいうちに。手で割ると崩れそうなときには、ナイフとフォークを使ってもかまいません。

そしてスコーンといえば、クロテッドクリームとジャム。どちらから先につければいいのか。答えは、「どちらでも良い」です。正式にはジャムが先とされていますが、地方によってさまざまなのが現状です。

イギリスの首相が地方をまわっている際に「ここでは、クリームとジャム、どちらを先につけるのでしたか？」と訊いたという話があります。このように、わからないことは恥ずかしがらずに質問をすることです。訊かれた相手も教えて差し上げることで良い気持ちになれるでしょう。

クリームを先につけるのは「デヴォンシャー式」、ジャムを先に塗るのは「コーンウォール式」と呼ばれています。なお、クリームティーというのは、クロテッドクリームにスコーンと紅茶というスタイルのことで、紅茶にクリームを入れることではありませんのでお間違えなく。クリームティーは、クロテッドクリームの生産で有名なイギリスのコーンウォール地方が発祥といわれています。

そして、アフタヌーンティーの締めにはスイーツ。スイーツはその形状に応じて、ナイフとフォークか手でいただきます。

アフタヌーンティーの主役、紅茶を愉しむ

アフタヌーンティーの主役はティー、紅茶です。食べ物に合わせて、紅茶の種類を変えることも愉しみのひとつです。東京のマンダリンオリエンタルホテルのアフタヌーンティーでは、数十種類の紅茶を何杯でも愉しむことができますから、食べ物に合わせてオーダーします。少なくともサンドウィッチからスコーンに移るとき、そしてスイーツを食べるときには、それぞれに合う紅茶を愉しみましょう。例えば英国の上流階級で好まれた高級紅茶である正山小種（ラプサン・スーチョン）は、スモークサーモンのサンドウィッチと、エリザベス女王もお好きといわれている祁門（キーマン。キームン、キーモンとも呼ばれる）は、キューカンバー（きゅうり）のサンドウィッチと合うといわれています。

一方、個人宅でのアフタヌーンティーでは、そのホストがベストと思われる紅茶を選びもてなしますので、招かれた側が選ぶようなことをしないのがマナーです。

最初に紅茶を飲むタイミングは、全員に紅茶がいきわたり、最上位の人が飲んだら、他の人たちも飲み始めます。利き手が右の人の場合は、ローテーブルであれば、まず

右手でソーサーごとカップを持ち胸の高さに上げます。そしてそれを左手に持ち替えて、右手にカップを持って飲みます。カップの持ち方は3通りあります。共通点は、ハンドルと呼ばれるカップのアームをつまむということです。**アームの中に指を入れるのは、お行儀が悪いと思われてしまいます。**指をきれいにそろえることを意識しましょう。小指を立てるしぐさは貴族の人がすることで、一般の人はしないのがマナーとされています。一般には単に指をそろえてつまむだけでも良いのですが、薬指と小指を少しずらすと、美しく見えます。

スプーンの扱い方

1 スプーンはカップの奥、ソーサーに置く。
2 使うときはカップの中で縦に上下に動かす。

美しく見えるティーカップの持ち方

一般 美しい持ち方

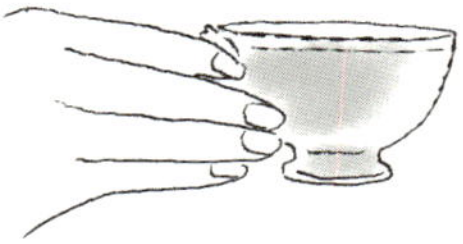
一 般

貴族の持ち方

Column

愛を感じるアーリーモーニングティー

イギリスでは朝目覚めてから夜眠るまで、一日に何度も紅茶を飲む機会があり、飲む時間帯やシチュエーションで、それぞれに名前がついています。

アーリーモーニングティー、ブレックファストティー、アフタヌーンティー、アフターディナーティーなどです。

アーリーモーニングティーは、一日の目覚めのときに、ベッドの中で飲む目覚めの紅茶のこと。ブレックファストティーは朝食と一緒にいただく紅茶のことです。アフターディナーティーは夕食後に飲む、一日を締めくくる紅茶です。

スッキリと目覚めたい朝や、おしゃべりに華を咲かせる社交のとき、眠りにつく前にリラックスしたいときなど、気分や好みに合わせて、紅茶の種類を変えてみるのも素敵ですね。

なかでも私がもっとも好きなものは、アーリーモーニングティーです。メイドがいる環境であれば、メイドがお部屋に運んでくれ、目覚めを促してくれるものです。しかし戦後は、男性が女性のために準備するものとして発展しています。

貴女のために、素敵な男性がお目覚めの紅茶をベッドまで運んできてくれる。それを飲んで目覚めるなんて、とっても素敵だと思いませんか。この習慣は、ミドルクラス以上のアッパークラスの人たちがおこなっているとのこと。

女性のために紅茶を用意してくれる男性も素敵ですが、そうさせる女性が素敵だからそういう男性になるのかもしれませんね。素敵なカップルは、双方が互いを思いやる愛、すなわちマナーで成り立っていると感じます。

Lesson 4

気遣いに満ちたプリンセスのお付き合い・しきたり・行事

プリンセスは周囲の人との関係を大切にする

貴女は、初対面の人に心を開き、すぐに仲良くなるタイプですか。それとも、人見知りをしますか？　もしくは、相手がどのような人かわかってから、心を開いていくタイプでしょうか。

ヨーロッパの貴族の方々に伺ったところ、アッパークラス（アッパーミドルクラスも含む）の人たちは、最初は心の温度計を低くするそうです。そして、パーティなどで何度か顔を合わせ、徐々にコミュニケーションを取っていくなかで、その温度を上げていくそう。これが、アッパークラスの社交界でのマナーのようです。

また、日本のように、会ってすぐに名刺を渡すこともしません。何度か顔を合わせるなかで、今後、お付き合いしてもいいと思ったり、信頼できる相手だと思ったら、名刺を渡します。

アッパークラスの方々がいらっしゃるパーティなどでは、「どちらにお住まいですか？」と尋ねられることが多くあります。それは、住んでいる場所で、その人のバックグラウンド、階級がわかるからです。例えば「ロンドンです」というだけではＮＧ

です。そうすると、「ロンドンのどこですか」と詳しい地名を訊かれます。

その地域名で自分と同等の人なのかを推測し、今後、お付き合いができるかどうかも判断していくとのこと。一般人の私からすると、「それはどうなんでしょう」と思うこともありますが、実はそこには、彼らの思いやりが込められています。それは、せっかく親しくなっても、その後のお付き合いにはお金がかかることが多いため、それが可能か否かによって、相手を傷つけることになると考えるからです。

しかし、私がオックスフォードで生活していた頃、ある貴族の男性とお付き合いをしていた日本人女性がいました。彼女は求婚までされたのですが、身分の違いから彼女からお断りをしました。このような逆のケースも現実にあるわけです。彼は、いつも他人を気遣う思いやりあふれる彼女を愛していました。**貴女も、真の真心マナー®を身につけていたら、本物のプリンセスになることも、夢ではないのです。**

連日、公務やさまざまな行事、チャリティパーティなどのお付き合いで多忙なプリンセスですが、私たちも日常のなかで、さまざまな行事やしきたりがあります。

なかでも、慶事や弔事では、大人の女性として失礼のないように振る舞うことが大切です。ここでは日本の慶事と弔事についてお話しします。

お祝いの気持ちを伝える結婚式

まず、貴女が結婚披露宴に招待されたとき。招待状が届いたら、返信用のはがきに指定された期日までに返信をします。出席する場合は、もともと印字されている「御出席」の「御」の字と「御欠席」、また、「御住所」の「御」や「御芳名」の「御芳」を二重線で消します。これらは、貴女に対する敬語ですので、返信するときには、消すのがマナー。また、消し方として二重線ではなく、赤く「寿」と書いたり、その文字に押印しても良いともいわれています。

決まり事ではありませんが、**「出席」の右上など空白に「喜んで」と書き足すと、いっそう貴女の祝う気持ちが伝わります。** なお、「慶んで」ではなく、「喜んで」と書くのが正しい日本語です。もともと常用漢字としては「喜」を用います。また、この場合は、自分が喜ぶことですので、「喜」となります。「慶」は相手様へのお慶びを伝えるときに用います。ただ、慶事では「慶」を使用するほうが伝わりやすいと感じる方もいらっしゃいますから、現代では「慶んで」としても間違いとはいいきれなくなっているようです。

さらに、余白に「このたびは おめでとうございます」などのお祝いのメッセージをひと言書いて返信することをおすすめします。この際、句読点は打たないように注意してください。句読点は「区切る」の意味をもつため「切る」を連想させるからです。ちなみに、日本の文章に句読点はもともと打っておりませんでした。しかし、それでは相手が読みにくいという理由から、句読点を打つようになりました。これは英語のカンマやピリオドも同様です。ですから句読点は、相手のことを思ってのマナーといえます。しかしながら、縁起を担ぐ日本人の考え方では、慶事や弔事の文章に句読点を打たないのがマナーとされています。

はがきの表書きは、宛名の「行」を二重線で消し、「様」と書きます。ただし、目上の方の場合には「様」と書くと一目おかれるマナー美人となります。『様』にも格付けがあります。一般的には「様」と書きますが、もっとも目上の方へは、右下が「永」となる「様」(これを「えいさま」といいます)、続いて右下が「次」となる「つぎさま」、最後に、右下が「水」となる「みずさま」です。現代の日本は階級社会でもありませんから、ここまで厳密に「様」を使い分ける必要はないと思いますが、目上の方に対しては、さらなる敬意を表す意味において「様」を使用すると素敵です。

欠席の場合は、「御出席」と、「御欠席」の「御」を二重線などで消します。余白に、

このたびは 誠におめでとうございます
残念ながら 当日伺うことが叶いません
素晴らしいお式になりますことを 心より祈念いたしております

など一筆添えると、貴女の気持ちが伝わります。

相手との関係性にもよりますが、招待状をいただき、欠席の場合は、遅くとも、お式の前日までに届くよう、その会場に祝電を送りましょう。また、お祝いの贈り物、ご祝儀などを事前にお渡しします。宅配などで届けても良いですが、その場合は、必ず、手書きのお祝いメッセージカードを入れてくださいね。

結婚式の返信はがきの書き方

表面

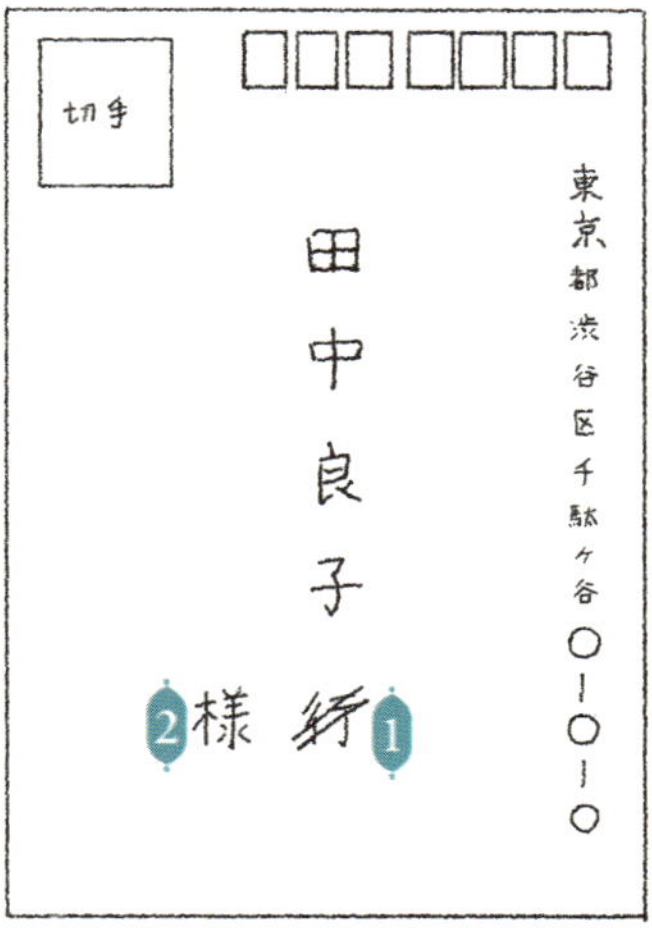

裏面

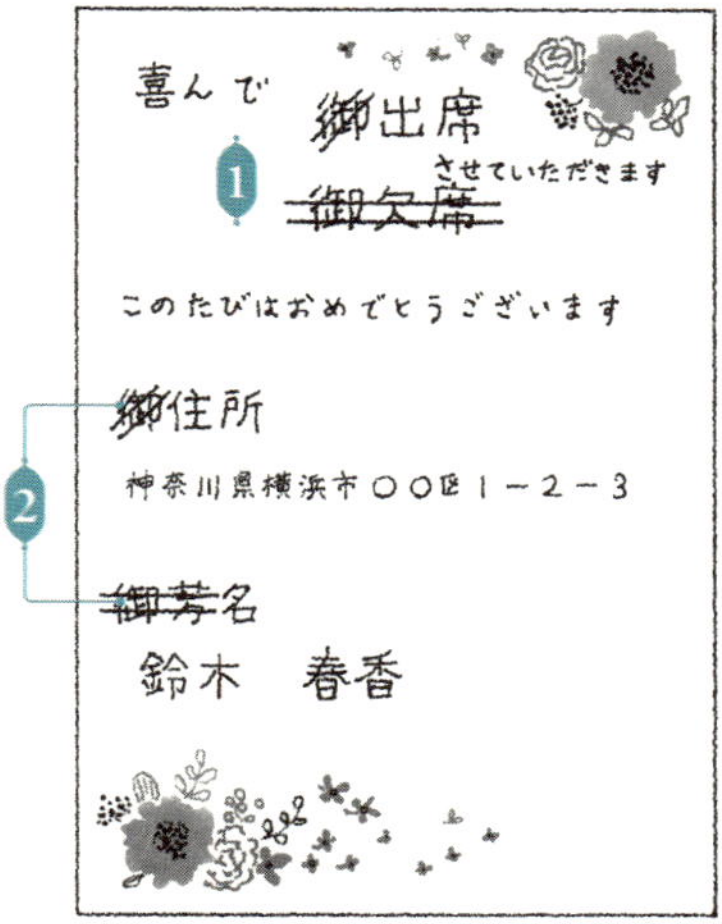

表面

1 宛名の「行」を二重線で消す。

2 消した「行」の左横に「様」を書く。

裏面

1 「御」と「御欠席」を消し、言葉を添える。

2 「御住所」、「御芳名」の「御」、「御芳」を消して、自分の住所と名前を書く。

祝儀袋に込められた深い意味

式の当日は、ご祝儀を持参します。欠席する場合は、事前にお渡ししてもかまいません。いずれにしてもご祝儀は、祝儀袋に入れ、ふくさに包みます。

祝儀袋の水引《みずひき》には、大きく「蝶結び」と「結び切り」の2種類があります。蝶結びは、結び目が簡単に解けて、何度も結び直せることから「何度繰り返しても良い」という意味が込められているため、婚礼用には用いません。

結婚式のご祝儀袋は、「結び切り」の水引を選びます。**結び切りは、固く結ばれて簡単には解けないことから「離れない」ことを願い、婚礼関係のときに用いられます。**また、「二度と繰り返さない」との意味を込めて、弔事関係や全快祝いなどでも用いられます。この結び切りは固く結んであることから「固結び」ともいわれます。「結び切り」の変形として「鮑《あわび》結び」「輪結び」「老いの波」といわれるものがあります。

用途に合った袋を選ぶことはマナーです。結婚式や結婚披露宴時に、蝶結びの祝儀袋を持参するような間違いは絶対にしないようにしてくださいね。

最近は、おしゃれな祝儀袋がたくさん販売されています。和風のもの、洋風のもの、豪華なもの、可愛らしいものなど、いただいた招待状のデザインや、お渡しする相手のイメージに合わせて、祝儀袋を選んでみても素敵です。

現金は中包みと呼ばれる袋に入れます。慶び事は、中包みの表側にお札の表（人物が印刷されている側）を向けて、人物が上になるように入れます。

外の包みは、左から右へ、次に右から左へと折ります。これは右を陽とする考え方だからです。上下は、上から下へ折ったあとに、下から上へと折ります。こちらは、慶び事は、天（上）に向かうという意味からなる形です。

表書きは、濃墨で、「御結婚御祝」「寿」などと書きます。下段中央に氏名を書きます。友人や同僚同士の連名の場合は、中心から左右に、目上の人との連名の場合は、目上の方のお名前を中心に書き、その左横に自分の名前を書きます。夫婦連名の場合は、中央にご主人のお名前をフルネームで書き、その左横に奥様のお名前を書きます。

水引の主な種類

(地域や風習によって、結び方が異なることもあります)

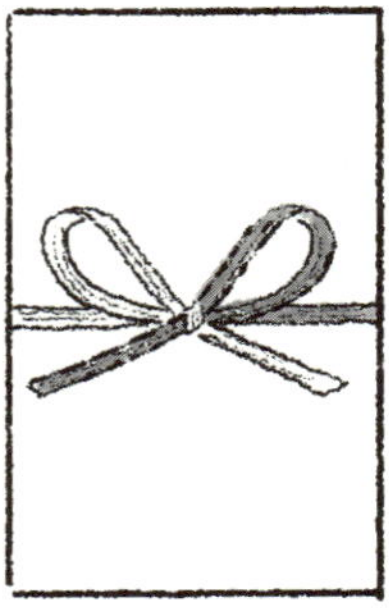

蝶結び

出産祝いや入学祝い、お歳暮、お中元など、何度も繰り返しても良いことに使う。

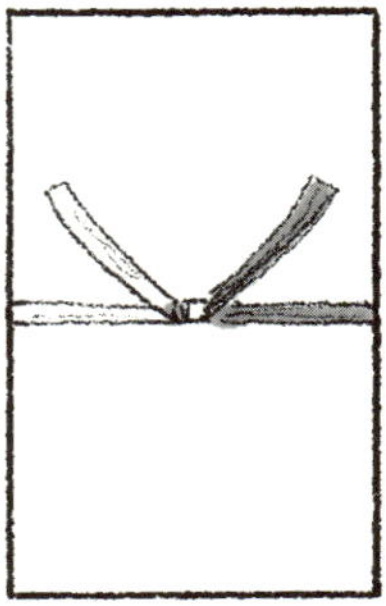

結び切り

簡単には解けないことから、婚礼関係や、弔事関係、全快祝いなど、繰り返したくないことに使う。

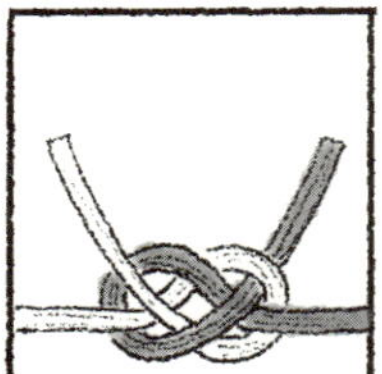

鮑結び

「結び切り」の変形。 結び目が複雑に絡み合っていることから「容易には解けない」という意味と、互いの輪が互いに結びあっていることから、「いつまでも良きお付き合いを」という二つの意味を持つ。

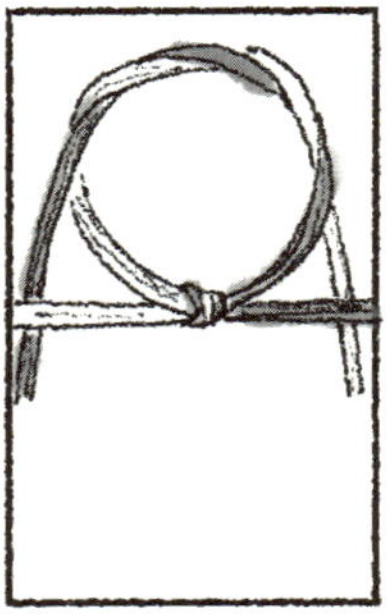

輪結び

結び切りの「切り」に抵抗のある場合、輪にして婚礼用に用いる。

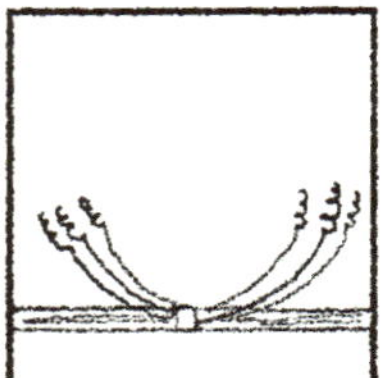

老いの波

目尻の小じわを表現したもので、「その頃までずっと添い遂げてください」という意味を込めて、婚礼用に用いる。

祝儀袋の表書きの書き方

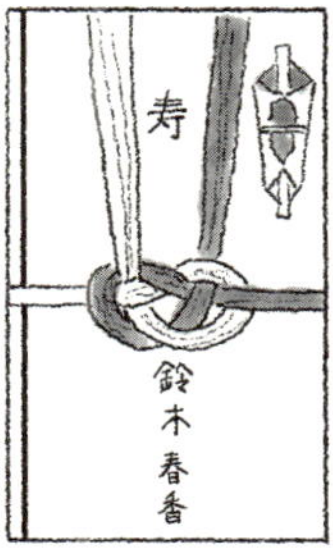

一人で贈るとき

中央に氏名を書く。

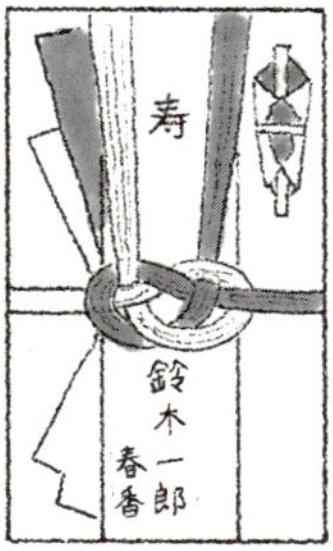

夫婦連名で贈るとき

中央に夫の名前をフルネームで書き、その左横に妻の名前を書く。

祝儀袋の折り方

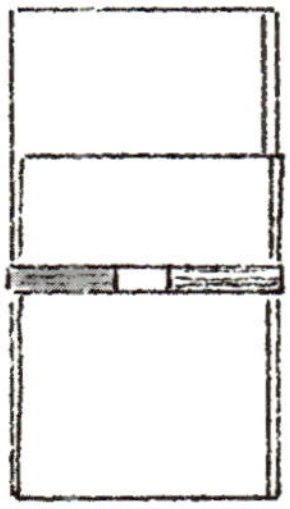

左から右へ折り、次に右から左へと折ったあと、上から下へ折り、最後に、下から上に折る。
（裏側）

中包みのお札の入れ方

中包みの表側に、お札の表（人物が印刷されている側）を向けて、人物が上になるように入れる。

ふくさの包み方

慶事には赤やピンクなど明るい色のふくさを使います。紫は慶弔両方に使用できます。

1 ふくさの中央のやや左に祝儀袋を置いて、左端を内側に折る。

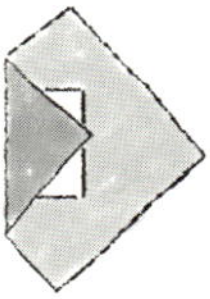

2 上側を下に折る。

3 下側を上に折る。

4 最後に右端を左にかぶせてくるむ。

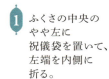

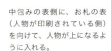

結婚披露宴出席時のお祝い金の相場

日本では一般的に、友人・同僚の場合は、3万円といわれています。ただし、これも、披露宴会場や相手との関係性などに応じて、変わることもあるでしょう。例えば、一般的なホテルや、結婚式専門の会場、高級レストランであれば、3万円。内訳は、お食事代が1万円から1万5千円と考えて、あとはお祝い金とします。

カジュアルなレストランであれば、2万円を包むときもあるかもしれませんね。その場合は、1万円札を2枚ではなく、1万円札を1枚と5千円札を2枚とし、計3枚を入れると良いですね。**2万という偶数ではなく枚数を奇数にすることで、割れるという連想を避けることができると考えてのことです。**

会費制の場合はその金額を持参しますが、祝儀袋に入れてお渡しすることをおすすめします。ただし、その場合は、受付の人に開封のお手間をかけさせることになるため、当日、会場で他の人の状況を見ましょう。もし、その場で金額の確認をしていれば、祝儀袋から中包みを出して、上包みの上に中包みを置き、受付の人にお渡しすると、受付の人は現金の確認がしやすく、祝儀袋を用意した貴女の気持ちも伝わります。

結婚式の装いのマナー

結婚式や結婚披露宴に招かれたときには、お祝いの気持ちを装いでも表現します。一般的に、招待客は準礼装か略礼装で出席します。お仕事の関係者であれば、略礼装で良いでしょう。

まずもっとも気をつける点は白い服装を避けることです。現代はデパートなどでも、白いワンピースなどを紹介されることがあるようですが、やはりここは、時代が変わっても不変的なこととして、白いドレスは花嫁の色とし、それに華を添える招待客はその他の色でお祝いをしましょう。結婚式に白いドレスが定番となったのは、19世紀、イギリスのヴィクトリア女王のお式の際に、純白のドレスを着用したことがその始まりといわれています。

全身を黒で装うのは弔事をイメージさせますから、こちらも控えるとされています。しかし、実は日本の喪服はもともと白でした。ですから、黒い洋服が完全にダメだとはいえません。ただしお祝いの席ですから、色はなるべく明るいほうが会場全体も明るく華やかになります。例えばベースが黒でもゴールドの刺繍が施されていれば、暗い印象にはなりません。

足元は黒のストッキングや網タイツなどは控え、ナチュラルな色のストッキングにします。足首にハートがデザインされているような、ワンポイントのものはお祝いの気持ちも伝わるので良いですね。

殺生を連想させる毛皮や、爬虫類系の革はNGといわれています。フェイクファーであっても、そうとはわからずに誤解されてはいけませんから、控えたほうが良いかもしれませんね。特に海外では動物愛護の精神から、毛皮などの皮製品の廃止の声も高まっています。しかしながら、広い視野で角度を変えて考えたときに、皮革産業の方も現実に存在するわけです。彼らはそれを業とするなかにおいて、「殺生をしているのではなく、命をいただき、大切に扱っている」という認識で職務に懸命に向き合っていることを理解することもマナーではないかと思う今日この頃です。

バッグと靴は、共布であるのが正式なファッションのマナーです。ですから、靴もバッグも革ではなく布製がベストといえます。とはいえ現代は革製品が多いので、結婚式のときは先の毛皮や爬虫類系でなければ良しとしている傾向にあります。

会場内に大きなバッグや袋は持ち込みません。コートや大きなバッグなどの荷物はクロークに預け、貴重品とハンカチが入る程度の小振りのパーティバッグを持ち、会場に入るのが、スマートなプリンセスです。

お互いをハッピーにするのが真のマナー

お祝いの席にお呼ばれするときのマナーがあるように、ご招待する側のマナーもありますね。

先日、私の秘書から結婚式の招待状が届きました。返信のおはがきを書いていて、なんと素晴らしいマナーなのかしら、と思ったことがありました。それは、出欠を選ぶ箇所は「御出席」「御欠席」とあるのですが、住所と氏名を書く箇所が、「御住所」「御芳名」ではなく、“Address”“Name”と書いてあったのです。このように、英語表記であれば、相手に「御」や「御芳」を消すお手間をかけさせないわけですから、これぞ、まさに、相手の立場に立ったマナーであると感心してしまいました。

これは日本語と英語が混在していて、統一されていないからマナー違反だ、とおっしゃる方もいらっしゃるのかもしれませんが、私はそうは思いません。マナーは、こうしなければいけないという決まりきった型ではないからです。相手や時代や状況、関係性などに応じて、変化して良いものです。

このように、型にはまったはがきでなかったため、私は、「御出席」の「御」の文字の上に赤いハートのシールを、「御欠席」の上には幸せのクローバーを口に加えて運んでいる幸福の鳥のシールを貼って、本来は二重線で消す箇所を隠しました。このはがきを受け取る側も、書いた私自身も、ワクワク愉しく、ハッピーな気分になりました。

このはがきや返信の仕方は、型破りなことではありますが、マナーの本質を理解し、基本の型を知り、身につけていればこそ、許されること。そして、真のマナーとはこのように型にこだわることなく、お互いがハッピーになることだと思うのです。

ちなみに、その後、秘書の結婚披露宴に出席してまいりました。新郎の上司の方々からも、「一般的な招待状とは一線を画し、真心こもった素晴らしい招待状に感動し、本日まいりました。さすが、西出先生の秘書だなとあらためて思いました」と、お褒めの言葉を頂戴し、新婦の秘書も私も大変嬉しく思いました。

また披露宴も、前代未聞の型破りなお料理やサプライズの数々に、皆様、大変喜んでいらっしゃいました。〝相手の立場に立つマナー〟を実践すると、こんなにも多くの皆様に喜んでいただけ、生涯忘れることのない感動のひとときを過ごせるのだと、あらためて感じました。

愛されるプリンセスは贈り物上手

ご結婚に関するお祝いの品選びは、選ぶ側も幸せな気分になれますね。お祝いの品は、親しい間柄であれば何が欲しいか事前に伺い、相手が欲するものを贈るのがベストです。避けたほうが良いのは切れたり、割れたりするもの。また、数も偶数だと割れるから奇数にするのが結婚祝いの贈り物のマナーといわれています。しかしこれも近年では、相手が望むのであれば、包丁など実用的な切れるものでも良いですし、数も2の偶数は、ペアでひとつという考え方からよしとされています。

ガラス製品や陶器など、割れやすいものを郵送するときは要注意です。実は私が結婚するとき、友人から贈られた素敵なティーセット一式のポットの蓋が割れて届きました。それを見た瞬間、正直、良い気持ちにはなれませんでした。すぐに発送元のお店に連絡をしたところ、自宅までわざわざお詫びに来てくださいましたが、注意をして梱包をしても、現実にこのようなことはあり得ます。

そこで私のおすすめの品は、結婚式当日もその後も使用できる、「花嫁ハンカチ」です。これは、ウエディングコンサルタントの岡澤ひとみさんが考案なさったオリジナル商品で、岡澤さんご自身の結婚式のときに涙が流れてもドレス姿ではハンカチを持てないので困った、という実体験から生まれたハンカチです。ウエディングドレスと一体化するハンカチで、お化粧が崩れないように、使用部分はガーゼ、周囲は素敵なレースで囲まれています。そして、新婦のゆびにかけて、大変エレガントにも魅せてくれる逸品です。私はおそろいのポケットチーフを新郎用とし、お二人のイニシャルを刺繍してもらい、セットで贈ります。破損の心配もなく、お式のあとは日常用のハンカチとしても使用していただけます。

ハンカチは漢字にすると「手巾」と書き、てぎれと読むから、贈り物にはふさわしくないともいわれていますが、現代ではこのようなことよりも、実用性を喜ぶ時代になっているように感じます。

昔から語り継がれているしきたりや慣習もその一部として大切なことではあります

「花嫁ハンカチ」購入・問い合わせ先　www.weddgeshop.com

が、本来のマナーは、しきたりや慣習を超えた、相手様がどう思い感じるかという良好なコミュニケーションを築いていくために存在するものです。時代や相手に応じて、その型が変わることがあっても良いでしょう。がんじがらめの融通が利かない、凝り固まった考え方の女性と、相手や時代に合わせて柔軟な心をもっている女性、もし、あなたがプリンスだったら、どちらの女性を選びますか？

結婚記念日は年を重ねるごとに尊いものになる

それぞれの記念日には、結婚年数ごとに、金属や宝石の名称がつけられています。

結婚記念日は、もともと19世紀のイギリスで始まったもので、それぞれの記念日には、結婚年数ごとに、金属や宝石の名称がつけられています。

1年目の紙婚式は、白紙の状態から結婚をスタートさせた1年を記念し、4年目の花実《かじつ》婚式では、花が咲き、実がなり、5年目の木《もっ》婚式では、それが1本の大きな木となり、夫婦らしくなったことを意味します。

10年目の錫《すず》、アルミニウムは、夫婦の絆がより固くなったことを意味します。25年目の銀婚式は、銀のように美しい夫婦。50年目の金婚式は金の輝きに匹敵する夫婦の長い歴史と絆を意味し、60年、75年目のダイヤモンド婚式は、もっとも硬度の高い宝石の王様、ダイヤモンド以上に輝きと価値のあることを象徴しています。

我が家では毎年、結婚記念日にその名前にちなんだものを夫婦で贈り合っています。15年目の今年は、水晶で作られたピンバッジを主人に贈り、主人からは水晶のリングとイヤリングを贈ってもらいました。5年後の20年目の記念日も愉しみです。

美しい結婚記念日の呼び方

1年目――紙婚式
2年目――藁《わら》婚式・綿《わた》婚式
3年目――革《かわ》婚式・果《か》婚式
4年目――花実婚式・書籍婚式
5年目――木婚式
6年目――鉄婚式・糖婚式
7年目――銅婚式・手織り婚式
8年目――青銅婚式・
電気器具婚式
9年目――陶器婚式
10年目――錫婚式・
アルミニウム婚式
11年目――鋼《はがね》婚式
12年目――絹婚式・麻婚式
13年目――レース婚式
14年目――象牙《ぞうげ》婚式
15年目――水晶婚式
20年目――磁器婚式
25年目――銀婚式
30年目――真珠婚式
35年目――さんご婚式・翡《ひ》婚式
40年目――ルビー婚式
45年目――サファイア婚式
50年目――金婚式
55年目――エメラルド婚式
60年目――ダイヤモンド婚式
75年目――ダイヤモンド婚式
（プラチナ婚式と呼ぶこともある。）

結婚祝いには日頃の感謝を込めて

結婚記念日は、見知らぬ2人が出会って、夫婦として一緒に人間的な成長をし、お互い助け合い、協力し合いながら人生の諸問題を乗り越えて迎える記念日です。お世話になっている方々には、結婚記念日に日頃の感謝の気持ちを伝えるのも、一種のサプライズとなって喜ばれます。

名前のとおりの贈り物をするのも素敵です。1年目の紙婚式はペーパーウエディングとも呼ばれ、紙皿や紙コップでテーブルをセッティングし、ささやかなディナーをしたり、紙製のインテリアや、小物、画集などを贈り合うといわれています。

銀婚式では銀食器などの銀製品が、金婚式では装飾品などの金製品が定番となっていますが、例えば、銀糸入りのスカーフやセーター、金粉をほどこした漆器類などでも良いですね。観劇のペアチケットや2人分の旅行チケットなども喜ばれます。

金婚式のときは、夫婦が高齢ですから、あまり無理な計画は立てずに、親戚や友人を招いて心のこもったお祝いをなさることは、とても素敵なことです。

ちなみに私は、お世話になっている伯父と伯母の金婚式のときに、金の刺繡入りのタオルセットに、手書きのお祝いメッセージカードを添えて贈りましたところ、大変喜んでもらいました。贈り物は、ささやかな品で良いので、その根拠や理由となる祝う気持ちが明確であることが、何よりの贈り物だと思っていただけます。また、パッケージや、包装紙などに金や銀を使用するのもお洒落です。

水引は紅白か金銀で、蝶結びにします。のし付きで表書きは「結婚記念祝」「祝○○婚式」とします。

結婚記念日のお返しは？

銀婚式や金婚式のお返しは特に必要ありません。しかし、高価な品をいただいたり、祝宴を開いてもらったときは、「寿」の文字の入ったふくさや風呂敷、花瓶などの記念品を贈ります。また、特にお祝いをいただかなくても、素晴らしい結婚記念日ですので「内祝」として、記念品を贈るのも素敵ですね。

弔事は大切な人と過ごす最後の機会

貴女は弔問したり、遺族になった経験はありますか。持論ですが、**もっとも敬意を払うのは、亡くなった方に対してだと思っています。**事実、結婚披露宴にお呼ばれしたときと、弔事が重なった場合には、弔事を優先させるのがマナーです。通夜、葬儀は、故人のお姿を拝見できる最後の機会となるからです。しかし現代では、昔と比べたら関係者の考え方も柔軟になってきていますから、その方との関係性や状況に応じて、どちらを優先させるかは、周囲と相談の上、ご自身で決めれば良いと思います。

弔事の装いは、全身を黒で統一させるブラックフォーマルです。これも、171ページでご紹介した英国のヴィクトリア女王が影響しています。女王は、夫のアルバート公が亡くなったあと、生涯を黒い喪服で過ごしたといわれています。これに倣い、弔事には、黒を着用することとなりました。もちろん、生涯を黒の喪服で過ごされたというのは、少し言いすぎかもしれません。しかし晩年もグレイなどの地味なお色のドレスで、悲しみの気持ちを表していたとのことです。当時のヴィクトリア女王は大変人気者でしたから、彼女がすることをまずは貴族が真似て、そして一般庶民にも広まっていきました。言い換えれば、ファッションリーダー的な存在でもあったといえましょう。

では日本の喪服もそれに倣ったのかというと、少し事情が違います。日本の喪服は、もともとは「白」でした。今でも真っ白の和装で葬儀に参列なさる方もいらっしゃいます。現代では未亡人となった方が、白い喪服を着ることが多いといわれています。これからもあなた以外の誰の色にも染まりませんという気持ちの表れだそうです。結婚式の純白のドレスとある意味、同じ意味合いですね。

日本で喪服が黒となったのは、白は汚れが目立つためだといわれます。今では、喪服は黒というのが定着しており、黒のなかでも漆黒を用います。皇室でも同様です。ストッキングも黒をはきます。基本的にタイツではなく、ストッキングといわれていますが、寒いときなどは身体のことを考えて、タイツでも良い場合もあります。黒いコートや黒い手袋、黒のマフラーもあると安心です。

バッグはブラックフォーマル用を準備しておきましょう。30代、40代と年齢を重ねるたびに、このような場所に正式なスタイルで赴くことは、故人やご遺族に対する敬意を表す大切なマナーとなります。繰り返しますが、装いは、相手様に対する気持ちの表れとなるからです。

昔は、弔事に関係するものを準備しておくことは、死を待っている行為と思われるため、良いことではないといわれてきました。ですから、突然の訃報となる通夜には、喪服ではなく、地味な色の服装で行くのがマナーといわれていた時代もあります。しかし今は通夜にまいりますと、９９・９％が喪服で参列しています。喪服を着ていないほうが、かえって目立ってしまいます。

昔は亡くなったその日に通夜、翌日には荼毘《だび》にふしていましたから、通夜は訃報が届いた当日となり、慌てて駆けつけていたため、喪服の用意が間に合わないこともありました。しかし、現代では、早くても通夜は訃報の翌日がほとんどです。また、通夜と葬儀の両方に参列するのではなく、どちらか一方だけに参列なさる方も多く、それが通夜であれば、通夜が最後のお別れの日となります。**最後のお別れ時には、故人に対し、正式な装いで礼を尽くすことをおすすめします。**

弔事の靴とバッグも、慶事と同様に、殺生を連想させる革はタブーといわれています。しかし、黒で布の靴はあまり多く流通していませんから、購入するにも大変かもしれません。また、現実に皆さん、革の靴で参列なさっていますし、葬儀ご専門の方々も、そこまで意識なさらなくて良いとおっしゃいます。何よりも大切なことは、故人との最後のお別れのときを大切にするお気持ちです。とはいえ、気になさる方は、合皮の靴で参列する方もいらっしゃいますね。

弔事もバッグと靴は共布が正式です。特に弔事では慶事以上に殺生を意識し、バッグも靴も、布製にするのが最上級のマナーの装いといえます。布製の靴は汚れやすいということもありますから、会場で履き替えます。そこでバッグとおそろいのサブバッグなどに靴を入れて持参するわけです。

私は、弔事へ向かうときのバッグと通夜用と葬儀用のバッグ、サブバッグ、ふくさ、念珠入れをオリジナルブランドとしてプロデュースし、おそろいのローズ柄の生地のもので統一しています。弔事へ向かう用のバッグは、普段にも使用できるようなファスナー付きのバッグです。道行く方々には、

なるべく弔事に向かっているという感じを与えないように、喪服の上にはコートを羽織り（夏は夏用のコート）、バッグも前述のように配慮しています。

通夜と葬儀の両方に参列する場合、通夜用のバッグは、ソフトなつくりで中身も多く入るもの、葬儀用のバッグは、ハードなつくりでクラシックなイメージのものです。これらの生地とおそろいのふくさをバッグから出すと、統一感があり品のよい印象を与えます。念珠入れには、ティッシュペーパーも入るようにしています。お隣に座り涙を流されている方がハンカチをお持ちでないようなときに役立ちます。

悲しみの気持ちを伝える身だしなみ

弔事に赴く際のお化粧は、片化粧といって、ファンデーションを薄くつけ、アイシャドウやチークなど、色はつけないのが正式です。口紅はさりげなくつけるのが大人の洗練された配慮です。リップクリームか、薄くつく程度にすると良いでしょう。

髪型は、お辞儀をしたり、合掌するときなどに、髪の毛が顔にかからないほうが、すっきりと清潔感を与え好印象ですから、肩よりも長い人は、まとめて参列をなさることをおすすめします。ヘアカラーをなさって明るい色すぎると思えば、黒のカラースプレーをかけるのも一法です。ヘアアクセサリーも、黒にします。光沢のあるものは控えてくださいね。

アクセサリーは、ジェットという漆黒のイヤリングとネックレスをつけるのが正式といわれています。しかし本物のジェットは高額です。日本ではパールをつけるといわれていますが、これは日本だけのいわれのようですから、つけなくても失礼にはあたりません。

もしつけるときには、イヤリングとネックレスはセットでつけるのがマナーですので、どちらか一方だけをつけるということはしないほうがいいですね。パールにも、ホワイトやクリーム、シルバーグレイ、ブラックなど、さまざまな色があります。ご自身の年齢や、お肌の色などに合わせてつけると、片化粧をしているので、お顔まわりの印象がよくなります。不幸が重なることを連想させるということから、2連以上のネックレスはつけません。

不祝儀のマナー

通夜や葬儀に参列するときには、不祝儀を持参します。不祝儀は、不祝儀袋に入れ、ふくさに包みます。しかし近年は、ご遺族が香典などの不祝儀を辞退するケースも増えています。ただし、事前にそのような情報がわかっている場合でも、念のため持参することをおすすめします。もしかすると受け付けている場合もあるかもしれません。そのときは、貴女の気持ちをお渡しすることができますね。

不祝儀袋の水引は、「結び切り」です。このような不幸は、「一度きり」「二度とくり返さない」という意味を表します。不祝儀袋の水引の色は、黒と白、双銀、黄色と白の3種類が一般的です。印刷されている水引は紫と白などもあります。中に入れる金額に応じて、使用する水引を変えると良いでしょう。1万円未満であれば印刷されたもの。1万円以上、3万円未満の場合は、黒と白。双銀は3万円以上。黄色と白は関西方面でよく使用されます。その他の地域では法事のときに、黄色と白を使用するなど、その慣習はさまざまです。金額やその地域に応じた袋を選ぶこともマナーのひとつです。

大切なのは、わからないことは周囲の人に伺い、他の皆さんと同じように合わせることです。

現金は中包みと呼ばれる袋に入れます。中包みの表側に、お札の裏（人物が印刷されていない側）を向けて、人物が下になるように入れます。マナーは気持ちを形で表すものですから、絶対にこうしなければならないものではありません。しかし、弔事のときは慶事のときと気持ちは真逆でしょう。だから、お札の入れ方も真逆にするほうが、気持ちに寄り添い理にかなうことであります。

外の包みは、右から左へ、次に左から右へと折ります。これは左を陰として上にするからです。上下は、下から上へ折ったあとに、上から下へと折ります。これは、弔事は、地（下）に向かうという意味からなる形です。表書きは、薄墨で、各宗教、宗旨、宗派に応じた文言を書きます。例えば、仏教であれば、「御香典」、神道であれば、「御榊料」、キリスト教であれば、「御花料」などです。

氏名は慶事同様に下段中央に書きます。友人や同僚同士の連名の場合は、中心から左右に、目上の人との連名の場合は、目上の方のお名前を中心に書き、その左横に自分の名前を。夫婦連名の場合も、１６７ページでお伝えしたとおりです。

不祝儀袋の種類

故人の宗教、宗旨、宗派にあわせた袋を使います。
通夜や葬儀の際に持参します。両方に参列する場合は、どちらかだけにします。

キリスト教式

＊御花料 ―― 水引はなく、白い封筒や十字架や花の絵柄のついたものが多い。

＊御霊前 ―― 使えるが、プロテスタントでは使わない。

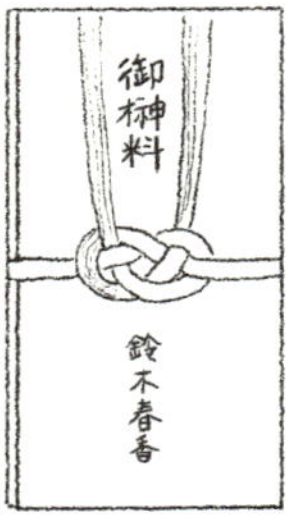

神式

＊御榊料 ―― 神式のみで使われる。

＊御玉串料 ―― 神式のみで使われる。

＊御霊前 ―― 神道でも使うことができるが、蓮の花の絵の入ったものは仏教用なので使わない。

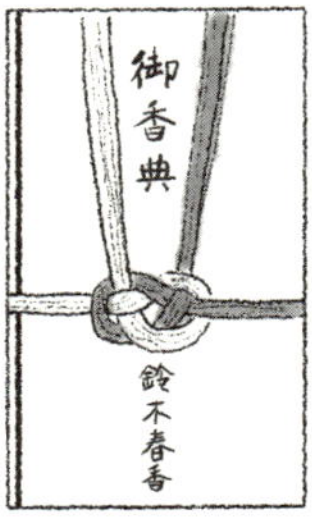

仏式

＊御香典 ―― 仏式のみで使われる。

＊御霊前 ―― 四十九日前に使用する。

＊御仏前 ―― 四十九日以降に使用する。

※ただし、浄土真宗と真宗各派は、亡くなったら、霊ではなくすぐに仏になるという考えから、「御霊前」は使用せず、「御仏前」を使用する。

中包みのお札の入れ方

中包みの表側に、お札の裏（人物が印刷されていない側）を向けて、人物が下になるように入れる。

不祝儀の水引の種類

不幸を「一度きり」「二度と繰り返さない」という意味で結び切りを使う。
色は金額に応じて、選ぶと良い。

印刷されたもの — 1万円未満

黒と白 — 1万円以上～3万円未満

双銀 — 3万円以上

黄色と白 — 関西方面でよく使用される。その他の地域では法事に用いる場合もある。

※地域や風習によって異なる場合もあります。

弔事のふくさの包み方

弔事には黒やグレイ、紫などの暗い色のふくさを使います。

しわにならない「台付きふくさ」、簡易な「挟みふくさ」、「差し込みふくさ」もあります。

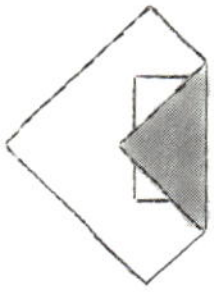

1 ふくさの中央のやや右に不祝儀袋を置いて、右端を内側に折る。

2 下側を上に折る。

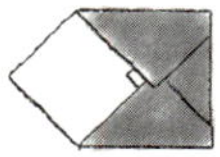

3 上側を下に折る。

4 最後に左端を右にかぶせてくるむ。

Column

どうしても行けないときの気持ちの伝え方

都合がつかず、お祝いの宴席に、または通夜や葬儀にどうしても伺えないときは、慶事の場合は式の前日まで（式が午後からの場合は当日の午前中まで）に、弔事の場合は式の1時間前までに、会場宛に電報を送ることをおすすめします。相手を思い、喜ばれることを先手でおこなうのが、愛されるプリンセスです。

慶事の場合は、その他にお祝いのお品を贈っても良いでしょう。その時期は、一般的にはお式の10日前までに、などといわれていますが、私はそうとは言いきれないと思っています。私は、お二人がお式を終えて新居に住み始めたときに贈るようにしています。もちろんお式の前にすでにお二人で生活を始めていれば、お式の前にそのお宅に贈ります。

まだ一緒に生活をしていないときにお祝いの品を贈ると、新居への持ち込みのお手間をかけてしまう恐れや、その後、何らかの理由で結婚が延期になってしまう場合などを考えるからです。このように、マナーとは相手の状況などに応じて、やり方を変えても良いもので、必ずしも一般的にいわれていることが当てはまらないことも多々あります。ちなみに、出産祝いのときにも、出産前にお祝いは贈りません。無事に出産したことを確認してから贈ります。

また、祝儀や不祝儀を送るときは、現金書留で送ります。このとき現金書留の封筒に入るふくさに包んで送ると、いっそうの心が伝わります。慶事には、祝福を表す明るい色、弔事は黒、グレイ、薄い紫のふくさを選ぶと良いです。紫なら、慶弔どちらにも使用できます。送るときには、自筆のメッセージを添えます。慶事は濃墨で、弔事は薄墨で書きます。

Lesson 5

ハッピーを循環させる
プリンセスの
コミュニケーション

プリンセスのマナーコミュニケーション®

貴女はどんな女性を目指していますか？　優雅な女性？　可愛い女性？　かっこいい女性？　なりたい自分になるためには、服装や髪型などの外面から相手に対する印象付けができます。それと同じように、話し方でもなりたい自分になれます。上品な女性になりたいと思えば、早口でまくしたてるような話し方はしません。ゆっくりと話します。事実、イギリスのアッパークラスやアッパーミドルクラスの人たちは、英語の発音やイントネーション、そしてゆっくりとお話をするということを意識し、徹底させています。

しかし、話し方をゆっくりにするだけでは、品格のある愛されるプリンセスとはいえません。大事なことは、発する言葉です。**何をどのように伝えるかが、上品で愛される女性になれるかどうかの分かれ道になります。**

例えば、何かを見て気に入ったときに、「これ、いいわね」と言うのか、「こちら、素敵ね」と言うのかの差です。まず、「これ」と「こちら」の違いは、敬語を使用しているかどうかです。そして、プラスの評価を伝えるときに、単に「いい」と言うのか、「素敵」という言葉に言い換えたり、選んだりして言うのか。この1グラムの配慮の差が、素敵な女性になれるかなれないかの分かれ道となります。

敬語は、相手様を敬う気持ちを言葉で表現するもの。「これ」と「こちら」、「今日」と「本日」など、どちらのほうが美しいと感じるでしょうか。このように相手を敬う気持ちからなる言葉、すなわち敬語は、美しいものなのです。そして、美しい敬語を使いこなせる女性もまた、美しいと評価されるのですね。

「ありがとう」は奇跡を生みだす魔法の言葉

イギリスでの生活で印象に残っていることのひとつが、少しオーバーですが、一日に100回くらい“Thank you”という言葉を言われ、かつ、耳にしていたことです。お店で買い物をして「ありがとうございます」と言うのはわかるのですが、バスやタクシーから降りるときにも、おつりをもらうときにも、また、お店で店員さんが何かを運んできてくれる度に、“Thank you”を言うのです。そして、もっとも印象深いことは、電話を切るときに、“Thank you”“Thank you”“Thank you”と何度も「ありがとう」を連発するのです。はじめは、「ちょっと言いすぎではないのか？」と思いましたが、相手がしてくれたことに対して、その都度、御礼を言うことは大事なマナーです。同じ言葉を何度も言うことで、真に伝わることもあります。一方、連発しすぎると、逆にその重みがなくなると感じる人もいるでしょう。しかしそれも慣れてくると、やはり、「ありがとう」というプラスの言葉を発することは、お互いにとって良いことです。

「言霊《ことだま》」といわれるとおり、言葉にも魂が宿っていて、プラスの言葉を発することで相手の心を豊かにしたり、救って差し上げることができます。その結果、それを発した貴女にも、言葉の神様がご褒美をくださるはずです。

私は学校や企業で人財の育成や人財教育をおこなっていますが、小学生から70代の大人まで「言われて嬉しい言葉は何ですか？」とアンケートを取ると、必ずダントツで1位は、「ありがとう」です。「ありがとう」と言ってもらいたいという心理が人にはあるのですね。それは皆さん、自分を認めてほしい、すなわち、自分の存在を価値あるものにしたいという気持ちがあるからでしょう。

また、個人の生徒さんたちからのお悩み相談もよく受けます。彼やご主人、お子様などが、何度注意をしても改善してくれないとか、自分の思いどおりのことをやってくれない、などなど。それぞれの状況や内容に応じてアドバイスをしますが、どのような内容であっても、忘れてはいけないことは、相手に対する感謝の気持ちだと伝えます。そして相手に感謝の気持ちをもって、「ありがとう」を言うことからスタートしてもらいます。皆さん、「どうして私が！」「ありがとうなんて言えません！」とおっしゃるのですが、それでもそれを実践していただきます。すると結果は、その生徒さんの思いどおりになります。「ありがとう」は奇跡を生みだす魔法の言葉なのです。

「ごめんなさい」を素直に言えたら人生が変わる

欧米では、「申し訳ありません」というお詫びの“Sorry”は言わない、という話をよく聞きます。事実、イギリスにいる私の友人やビジネスパートナーたちもあまり“Sorry”は言いません。彼らの考え方は、前項の“Thank you”とは反対で、お詫びの言葉は、本当に悪いことをしてしまったと心から深く思うときにしか発しないとのこと。ですから、“Sorry”を言うときは本当に悪かったと思っている証だといいます。

日常でちょっとしたお詫びを言うときには、“Excuse me”を用います。例えば、道ですれ違いざまにぶつかりそうになったときなどです。日本で言う「すみません」と同じ意味ですね。しかし日本語の「すみません」を、感謝を伝えたいときに使うのは、おすすめしません。例えば気になる異性と立食パーティに行き、彼が貴女にドリンクを持ってきてくれたとしましょう。そのときに思わず「すみません」と言ってしまうと、幸せの神様は遠ざかってしまいます。**御礼や感謝の気持ちを伝えるときにはそれに合った言葉「ありがとう」を用いると、幸せを引き寄せます。**席を譲ってもらったときなども、つい「すみません」と言いがちですが、きちんと「ありがとうございます」と伝えるほうが相手も喜びます。

お詫びの言葉の「申し訳ありません」を言えない、言わない人も多いように感じます。前述のとおり、欧米では謝ったら負け、というような考え方から“Sorry”は言わないほうがいいといわれているようですが、しかし、「ごめんなさい」と言えるか言えないかで、人生は大きく分かれることがあります。私は、お詫びを先手で言うほうが、幸せな人生、美しい生き方になると思っています。

「負けるが勝ち」という言葉があります。先に謝ることで、一見、負けたように見えるかもしれませんが、実はそのほうが結果的に勝つことになります。悔しくても、一歩引き下がって、相手優先で相手に花を持たせるというマナーある行動をとった人を、幸運の女神が見過ごすはずはありません。今、ここで負けたとしても、誰もが言いたくない“Sorry”を先に言える素直さをもった人は、最終的にそのときに勝った人よりも幸せになれるのです。**人が嫌がることを引き受けることで、相手や周囲がハッピーになるのであれば、自らがそれをやる。**そういう実直で素直な人が、自身の目指すなりたい自分になれます。

「ありがとう」や「ごめんなさい」、これらの言葉を、自分から先手で発することで、幸せの女神は貴女に微笑んでくれるでしょう。これを「先手必勝」といいます。先手の行動が、必勝するということです。必勝とは先のとおり、「負けるが勝ち」にもなりますし、ウィンウィンや、プラスプラス、お互いのハッピーを生みだしていく、ということになります。これを私は、「先手必笑®」ともいっています。自分から心を開いたコミュニケーションをとることで、お互いが微笑み合える関係になるということです。

幸せを引き寄せる魔法の言葉

After you　**お先にどうぞ**
われ先！という自分ファーストではない、相手ファーストの言葉

Sorry　**ごめんなさい　申し訳ございません**
誰もが先に謝ることはしたくないもの。それを実行できる人に女神様は微笑む

Thank you　**ありがとうございます**
どんなときにも感謝の心をもっているのが愛される秘訣

Excuse me　**失礼いたします**
自分が伝えたいことを言う前に、相手の状況を確認する思いやりをもつ

Please　**どうぞ　お願いします**
上から目線にならず、常に謙虚な心をもつ

励ますときは3ステップのハンバーガー話法で

心が折れたり、元気がなく、調子が出ないとき、自分からはなかなかそのことを人

には言い難いものですね。でもそんなときに、それに気づいてくれて、優しい言葉をかけられたらどうでしょうか。その人のこと、好きになりませんか。

私の友人に世界の王族や貴族、ハリウッドスターなどのセレブを顧客にもち、活躍している美容家の先生がいます。彼女も自身がプリンセスのような生活を送っています。彼女は特段、用事がなくても、さりげなく連絡をしてきます。「調子はどう？」「お元気？」といった具合です。自分が弱っているときに、このような連絡をもらったら、つい、頼ってしまいたくなります。

そういうとき、私は包み隠さず「ちょっと、元気ないの」と本音を言います。よく、自分の弱みを見せてはいけない、などという考え方も伺いますが、私は信頼できる相手には弱みを見せていいと思っています。それだけ相手に心を開いて、本音でお付き合いをしようとしている気持ちの表れだと思うからです。そして相手の状況や状態に対して、温かい言葉をかけてくれるのが、プリンセスです。

とはいえ実際のプリンセスも一人の女性です。プライベートでは、悩み事を友人たちに相談したりもします。そうして自ら心を開き、励ましてもらったりするからこそ、人を励ますことができるようになります。自分がしてもらったことで、嬉しかったこと、感動したことを、自分も人様にして差し上げることができるのです。それが人様から「ありがとう」と感謝されることにつながります。

先述のプリンセスのような生活を送っている私の友人は、私の悩みにまずは「気持ちはわかるわ」と共感してくれます。しかしそれだけではなく、次に私の悪い面を指摘してくれます。私にもマイナスな面があったから落ち込む事態になったということを本音で話してくれます。そして最後は励ましてくれます。励ましてもらえると、元気が出ます。前向きになれます。貴女の励ましの言葉で、救われる人がいるのです。

プリンセスのハンバーガー話法

ステップ1 下のパン ―― 共感する
「そうよね」「わかるわ」

ステップ2 具 ―― 忠告・助言

ステップ3 上のパン ―― 励ます
「あなたならできるわ！」

マナーは自分を守ってくれるもの

私は19歳のときに、両親が自分の立場でしかものを言わず、なにかと言い訳をしたり、相手を責めたりする姿を見て、「美しくないな」と思いました。そして、人の美しさというものは、自分中心の心ではなく、相手中心で相手を思いやる気持ちのある人から生まれると感じました。そして、21歳のときに「なんて美しい人なのでしょう！」と思い一目惚れをしたのが、私が師事した日本航空の元客室乗務員で第11期生の岩沙元子先生です。先生は外面も美しく素敵でしたが、何よりも先生のお心は女神様のように美しく輝いていらっしゃいました。「私も岩沙先生のように、素敵な女性になりたい」と思ったのが、マナーを伝える仕事に就いた最初の理由です。

その後、私は社会に出て多くの人と出会い、さまざまな経験をしてまいりましたが、人の美しさ、醜さの根本は、やはり「心」にあると思います。なかでも男女問わず見苦しいと思うのは、保身に走る人です。保身に走る人は、何よりも自分を優先させます。もちろん、自分を守ることは大切ですが、マナーを身につけていれば、自分を守ることができるのです。幕末の儒学者である佐藤一斎先生は、西郷隆盛の生涯の愛読書といわれた『言志四録』の著者です。その佐藤一斎先生は、このような言葉を残していらっしゃいます。「人は礼譲を甲冑《かっちゅう》とせよ」。すなわちこれは、「礼儀は鎧」という意味です。相手優先である礼儀を身につけることで、礼儀は鎧となって、自分を守ってくれるものとおっしゃっています。

自分をむやみに武装して戦闘モードに入り、守ろうとするのではなく、真の真心マナー®を身につけていれば、まず相手をハッピーにし、最終的には自分を守ることになりハッピーになれるのです。戦ってはいけません。相手を押しのけてまでも「自分が」「自分が」の心の持ち主はプリンセスとは言い難く、幸せになれません。

もともと王族や皇族出身でなくても、実際のプリンセスになった人はたくさんいらっしゃいます。その方々は、一国のプリンスから見初められた女性たちです。プリンスの心を虜にし、プリンスのハートを射止めた女性ですから、相当にマナー力があります。

愛される女性は、言い訳をせず、自分に否があればそれを認め、素直に正直にお詫びをします。それは一見、損をしたように見えることもあるかもしれません。しかし、愛されプリンセスは、「損得」ではなく「尊徳」を重んじ身につけています。

ネガティブな言葉を使うと何が起こるか

貴女は優雅で愛されるプリンセスたちからネガティブな言葉を聞きたいと思いますか？　おそらく、積極的に聞きたいとは思わないのではないでしょうか。これと同様に、貴女の周囲にいる人たちも、貴女からネガティブな言葉をできるなら聞きたくないと思っています。なぜならば、貴女には幸せでいてほしいから。

「言霊」の話をしましたが、ネガティブな言葉を発すると、それは必ず自身にブーメランのようにかえってきます。よく「私には無理」「私にはできない」と言う人がいます。もちろん、そう思うからそう言うのでしょうけれど、それは自分勝手な決めつけ、思い込みだと思います。そのように思って口に出すから、現実的にそうなってしまうのです。そのマイナス現象は、すべて自分自身で創ったことなのです。何かが起きたとき、自身の捉え方、受け取り方などにより、その後の人生は変わってきます。

プリンセスは、良い意味で賢いです。自らをマイナスの世界へ向かわせようとは思わないでしょう。そしてまた、自分がネガティブな言葉を発することで、周囲の人たちの気持ちまでもマイナスにしてしまうことを知っています。人を巻き込まない配慮があるから、ネガティブな言葉を発しないのです。

一方、ポジティブな言葉を発すると、それを聞いた周囲の人たちの気持ちも連鎖して前向きになります。それは人のみならず、動物や植物にも影響します。貴女の発するひと言は、大変な影響力があるのです。ポジティブな言葉を発すると、表情も活き活きと、顔の筋肉が上がり、アンチエイジングにもなります。プラスの言葉は、細胞の若返りにも関係するようですね。ポジティブな言葉を発することで、外面だけでなく、内面、体内からキラキラと輝き、貴女の人生をプラスに導いてまいりましょう。

ポジティブな言葉の例

＊美しい　＊可愛い　＊素敵　＊できる

ネガティブな言葉の例

＊嫌だ　＊無理　＊できない　＊疲れた　＊ダメだ

ネガティブな言葉をポジティブな言葉に言い換える

＊疲れた↓頑張った！　＊ダメだった↓勉強になったわ！

愛され上手は頼み事上手

普段、人に何かを頼むとき、貴女はどのような言い方で頼んでいるでしょうか。例えば、同僚に出勤日を代わってもらいたいとき。「今度の出勤日、8日に代わって」と言ったときと「申し訳ないんだけど、今度の出勤日、8日に代わってもらえないかなぁ?」と言ったとき。貴女だったら、どちらの言い方をされたら、気持ちよく代わってあげようと思いますか。

また、彼に「5時に迎えに来て」と言うのか「悪いんだけど、5時に迎えに来てくれる?」と言うのか。どちらのほうが、愛される女性の言い方でしょうか。

そうです。後者ですね。人に頼み事をするときにも、常に相手に対する配慮を言葉で表すと、頼まれる側も気持ち良く、貴女の頼み事にOKを出してくれます。自分の欲するものを手に入れたいのであれば、まずは、相手へ配慮することからスタートするのがマナー美人。それには、ものの言い方は大変重要です。

相手への気遣いを表す言葉を〝クッション言葉〟といいます。〝クッション言葉〟は、伝えたい本題の言葉の前に、相手の立場に立ったときに自然と出てくる気遣いのひと言のこと。先の例文であれば「申し訳ないんだけど」「悪いんだけど」がそれに当たります。そしてもうひとつは、〝命令形ではなく伺い形〟でお願いをすることです。自分から決めつけて言いきるのではなく、相手に伺う姿勢で、答えを相手に決めていただく相手ファーストの姿勢が、この言い方に表れるわけです。

相手を優先させて、自分の欲しいものを得る。お互いがハッピーになれる真心マナー®の話し方は、〝クッション言葉＋伺い形〟と覚えておきましょう。

クッション言葉の例

＊お手数ですが　＊差し支えなければ　＊ご面倒かとは存じますが
＊よろしければ　＊ご迷惑をおかけし恐縮でございますが

伺い形の例

＊お待ちいただけますか？　＊ご足労願えますか？　＊こちらでよろしいですか？

プリンセスのソーシャルマナー

人生100年といわれている今日。社会生活において、高齢者や障がいをおもちの方々と接する機会は多々あります。誰しも必ず年を取りますし、たとえ今、健康であっても、いつどうなるかは誰にもわかりません。

私の伝えるマナーは、一貫して「相手の立場に立つ」ことですので、高齢者の方々を特別視するのではなく、人として、相手の立場に立ってコミュニケーションをとることは、当然のことと思っています。シンデレラも、分け隔てなく万人万物に愛を注ぐ、思いやりの心をもつ女性ですよね。

そこで大切なことは、「想像力」という人間力を兼ね備えているかです。相手の気持ちを慮り、相手の欲すること、求めていること、喜ぶことを率先してして差し上げるには、自分もその立場や状況に立ってみないとなかなかできることではありません。自分とは立場や環境が違うからわからない、ではなく、わからないからこそ、わかるように自身の心のアンテナを相手に向けるのです。そして、わかるように、できることとは実際におこなってみることです。これは、男女関係も同様ですね。男女では、もともとの考え方などが異なることもあり、互いに理解し合えないこともあるでしょう。しかし、私のいうマナー力を身につけていれば、互いの気持ちを慮り、気持ちを近づけていくことができますから、皆さん、幸せになれるのです。

また、高齢者に対し、よかれと思って席を譲ろうとしたら、断られて、落ち込んだというお話もよく耳にします。断られたときには何も気にすることなく、「失礼いたしました」と言って、会釈をすればいいのです。それだけでいいのです。それ以上、何を期待することもなければ、自分の厚意を無にされたなどと落ち込むことも、怒ることもありません。貴女のその思いやりと行動は、必ず天が見てくれていますから。

❖高齢者の立場に立って……

腰を曲げて歩いてみる　ひざが痛いと想像して、電車で立ってみる　など

❖障がいをおもちの方の立場に立って……

椅子に座り、車椅子に乗っていると想像し、目線や、段差を確認する

目をつぶって歩くことを想像してみる　など

知っておきたい公共マーク

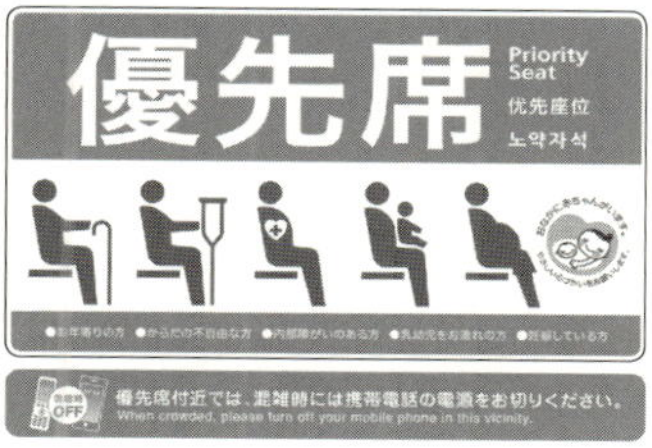

優先座席マーク

電車やバスで、お年寄りや体の不自由な方、乳幼児を連れている方、妊娠している方などが優先的に席に座れることを示すマーク。(画像提供：JR東日本)

耳マーク

耳が不自由なことを表すと同時に、聞こえない人・聞こえにくい人への配慮を表すマーク。

聴覚障害者標識

耳が不自由な方が運転する車に表示するマーク。
(警視庁HPより)

盲人のための国際シンボルマーク

視覚障害者の安全やバリアフリーに考慮された建物、設備、機器などに付けられる。

「白杖SOSシグナル」普及啓発シンボルマーク

白杖を頭上に掲げるのは、目が不自由な方のSOSのシグナル。見かけたら進んで声をかけて支援しようという「白杖SOSシグナル」運動の普及啓発シンボルマーク。

相手の立場に立つ思いやり。
それが真のマナーです。

当たり前の交通マナーで社会貢献

マナーは互いが互いの立場に立って、相手を思いやること。世界中の人たちみんながこのマナーをおこなえば、自然災害以外のトラブルや事故は起きないのではないか、というのが私の持論です。そして私はそういう社会を目指して21歳のときからこの真心マナー®を伝えています。

相手を思いやるということは、自分に余裕がないとできることではない、という声もよく耳にします。おっしゃるお気持ち、よくわかります。しかし気持ちや金銭、時間など、すべてに余裕がある人なんて、いるでしょうか。いたとしてもごくわずかなのではないでしょうか。私自身も、余裕なんてありません。そして、私たちが憧れるシンデレラも、そうであったと思いませんか。しかしどんなに余裕がなくても、そのなかにおいて、「マナー」という相手を思いやり、そして、自分も幸せになるというハッピー×ハッピーの関係を築くために、できることをおこなっていこうとするその気持ちが、幸せへの近道だと思うのです。

日常生活で、狭い道を人とすれ違うときに、自分が車道側によけて相手を先に通してあげる。自転車で人とすれ違ったり、追い越したりするときには、スピードを落とす。自動車を運転しているときには、一定の車間距離をあける。信号のない横断歩道を渡ろうとしている人がいれば、一時停止をして「どうぞ」と手でジェスチャーをし、歩行者を優先する……。

言われれば当たり前のことばかりですが、これらを実際におこなっている人は、決して多いとはいえない現実があります。私たち一人一人が、真心マナー®を意識することで、交通事故もトラブルも減少するはずです。

携帯電話やスマートフォンは、大変便利なコミュニケーションツールですが、この素晴らしいツールが元となる、トラブルや事故が起きている現実は否めません。歩きながらスマートフォンを操作していて自ら電信柱にぶつかってケガをした、ママチャリにお子様と一緒に乗りながらスマートフォンを操作していて歩行者に衝突し、自転車ごと倒れて、お子様が救急車で運ばれたという事故もあるほどです。現在は、携帯電話やスマートフォンを見ながら、話しながらの運転は、マナーの問題を超えた法律違反に当たります。優雅なプリンセスが、ながらスマホをするでしょうか。そういう姿は、想像すらできませんね。

私たちはつい、「私が、私が」と自分のことで頭がいっぱいになりがちですが、この世で生きている以上、自分一人で生きているわけではなく、また、貴女中心に社会が動いているわけでもありません。プリンセスはそれを心得ているからこそ、相手を慮り、自分がどのような言動をすれば、みんなが幸せになれるのかを考えて行動します。これが、「考える考動」と「おこなう行動」、すなわち2つの「こうどう力」です。

一人一人が社会という相手のことも考えて行動すれば、法をおかすことのない社会になるに違いありません。「それは無理でしょう」とよく言われるのですが、私はそうなる日を信じて、真心マナー®を伝え続けています。自国や世界の平和を願い、祈るのもプリンセスです。

ドアを開けるだけのちょっとした気遣い

イギリスで生活をしていた頃、お店などに入るときに、自分でドアを開けることはほとんどありませんでした。それは決して自動ドアだからではなく、前を歩き、先にドアを開けた人が、私のためにドアを開けたまま待っていてくれるからです。このようなことは日本での生活ではほとんど経験したことがなかったため、当時、31歳だった私は、「まるで、お姫様みたい」と思ったものでした。

こうして、ドアを開けてもらうだけでも、プリンセス気分を味わえるわけですから、この気分をもっと多くの人に体感してほしいと思い、私自身も、ドアを開けたら、必ず後ろを振り返り、誰かが来るようであれば、その方のために「どうぞ」と言って、先に中に入っていただくようにしました。

日本に帰国後、このエピソードを講演会や書籍などで伝え、自ら実践もしておりますが、日本では後から来る方々が遠慮して「いや、どうぞ」と言って、先に入ろうとする人は多くはありません。そうなると、後続の方々にご迷惑をかけることになりますので、日本では先に入り、ドアを開けて相手がドアを持ったら離すようにしています。

よかれと思っておこなうことも、相手が過剰な思いやりだと負担に感じるようでは、本末転倒となりますものね。一方、相手が、小さなお子様だったり、車椅子を利用なさっている方であれば、また反応は違ってくると思います。このように、TPPPOに応じた臨機応変な思いやりの対応を、自然とおこなうこともマナーです。

実際のプリンセスたちも、おそらくご自身でドアを開けることはほとんどなく、どなたかが開けてくれるでしょう。ここで大切なことは、開けてくれた人に「ありがとうございます」と御礼を伝えることです。愛されプリンセスは、してもらって当たり前とは、決して思いません。すべてに感謝をする、謙虚で清いお心を持っていらっしゃいます。

相手ファーストの気持ちに心を切り替える

電車やエレベーターなどで、降りる人より先に乗ろうとする人は、相手や周囲の状況を考えない、自己中心的な人です。このような自己中心的な行動からは、美しさを感じることができません。「なんだか、あの人、素敵」とか、「この人といると安心する」とか、「あの人は、いつも美しいわよね」とか、素敵、美しい、感じがいい、安心する、などプラスの印象を与える人は、男女問わず、自分中心ではなく、相手中心の心の持ち主だから、そのようにプラスに思ってもらえるのです。

エレベーターに乗り降りする際に、見知らぬ人が「開」のボタンを押してくれているときがあります。そういうときに当たり前のように、乗り降りしていませんか？

「ありがとうございます」と言って、軽く会釈をするのがマナー美人ですね。

このようなことは、イギリスなどの欧米では、日常的に見られる光景です。恥ずかしいからしない、できないと思うのは自分ファーストの思い込みです。そうではなく、相手ファーストの気持ちに心を切り替え、勇気を出して、貴女のコンフォートゾーンから、一歩、踏み出してみましょう。そうすることで、今よりももっと、貴女が輝ける幸せな場所へと向かっていけます。

子どもや部下・後輩を注意するときのマナー

プリンセスは、大声で話をしません。その場にふさわしい声のトーンと大きさで、上品にお話をなさいます。ですから、電車やお店などの公共の場でも、大声で話をしたりすることはありませんね。ではもしこのような場所で、大きな声を出していたり、店内を走り回るお子様がいたら、貴女はどうしますか？　その場で注意をすることはなかなかできませんね。公共の場で目に余ることがあれば、それは駅員や乗務員、お店の人にお願いをして注意を促してもらうとスマートです。

しかし、誰でも注意はしたくありません。ですからもし貴女にお子様がいらして、そのお子様が店内を走り回ったりしたら、親として注意をし、そうさせないようにするのがマナーといえます。他のお客様やお店に迷惑をかけたり、また、お子様自身が転んだり、ぶつかったりと危険なことも考えられます。このとき、お子様を叱るのではなく、周囲やお店の方に「申し訳ありません」と会釈をしながらお詫びをし、できれば、お子様にも頭を下げさせ、お子様には、「静かに座りましょう」と言って、お席まで一緒に戻ると良いでしょう。

また、部下・後輩などに注意をするときもありますね。このときは、200ページでお伝えをしたハンバーガー話法を用いて、言葉の花束を伝えます。相手を思うからこそ、伝えられることがあるわけですね。

実は、先日、ある国の王妃から、私がプロデュースしているバッグのことで、言葉の花束を頂戴しました。それは、西陣織や博多織など、日本の伝統技術を用いて製作しているバッグの型についてだったのですが、洋装にも合う和のバッグ、というコンセプトでプロデュースしているバッグに対して、洋装の海外の人には、今の型よりもこういう型のほうが良い、と具体的な型まで示して貴重なお言葉をくださったのです。

このように、忠告やアドバイスは、相手にとってプラスになる言葉の花束です。相当な覚悟をもって伝えてくださるわけですから、言葉の花束を贈られたときには、素直に感謝して受け取ります。また、伝える側になったときはみんながプラスになるために言うべきことはきちんとマナーある伝え方で伝え、言葉の花束を贈ります。どちらの立場になっても、相手を思いやる気持ちを伝えることのできるプリンセスでいたいものです。

手書きのカードに気持ちを込めて

ＥメールやＬＩＮＥなどが、コミュニケーションの中心となっている昨今。ＩＴも発達している欧米ですが、実生活においては、手書きの温もりを現代も大切にしているのも事実です。そして、贈り物には必ずカードを添えます。特に愛されプリンセスは、記念日を大切にしますから、一年に何回もカードを贈ります。

バースデーカードや、クリスマスカードは、いただいたらお部屋に飾っておきます。

心を込めてしたためてくれた相手の気持ちを大事にしている表れです。

日本でも最近は御礼をメールやLINEで伝える人も多くなりました。私はこれはこれで、相手によっては良いことだと思っています。いただいたら、すぐに御礼を伝えることができるし、それに返信をする相手も楽だからです。手紙やはがきでいただくと、同等のスタイルで返信するのがマナーですから、手紙などはときに相手にそのお手間や負担を感じさせる場合があります。

ただし、目上の方への御礼などは、やはり、手書きにしていただきたいと思います。もし急ぎ、御礼などを伝えたいと思えば、お電話かメールをしたあとに、翌日か翌々日に届くよう、お手紙かおはがきを送ると良いですね。

自筆での手紙やはがきは、その人の気持ちがいっそう伝わります。また、季節に合わせた便せんや封筒、切手を選ぶことにも、相手を思う気持ちが込められます。

さらに、手紙に同封する「文香《ふみこう》」は、マナーを身につけているプリンセスには、必須アイテムです。開封した瞬間に漂う香りで相手の心を癒すことができれば、一目置かれる特別な存在の女性として、また、人として、貴女は愛されるプリンセスになれるに違いありません。素敵な文の香りと共に、貴女も幸せに包まれますように。

Column

相手を思いやる プリンセスマナーの真髄

社交シーズンのある夏。イギリスにしては珍しく暑い日がありました。その日、故ダイアナ妃のご長男でいらっしゃるウイリアム王子は、公式なポロの試合中に、皆さんとランチをとっていました。このような社交の場所では、男性がジャケットを着用することがマナー。イギリスの夏は涼しいため、冷房のないお部屋がほとんどです。皆様、汗をかきながらランチ会場にいたところ、ウイリアム王子がジャケットをお脱ぎになったのです。それを見た他の男性たちも、次から次へとジャケットを脱ぎ、王子に大拍手を送りました。王子は、フォーマルな席で、男性はジャケット着用というマナーを破ったのです。

59ページでは、エリザベス女王は、バッグを左手に持つ、とお話しました。握手やご挨拶がすぐにできるよう、右手をあけておくためです。しかし、本年のロイヤルアスコットの会場で、女王が右手にバッグをお持ちのシーンがございました。このように、時と場合などに応じて、マナーの“型”を変えることもあるのです。

エリザベス女王がバッグを右手に持ったり、ウイリアム王子がジャケットを脱いだからといって、「マナー違反だ」と批判されたでしょうか。そんなことはありませんね。指を清めるためのフィンガーボウルの水を、そうと知らずに飲んだ方に恥をかかせないよう、自分も飲んだという有名なお話もあります。究極のマナーは、見た目の凝り固まった型ではなく、相手の立ち場に立った心をもち、それを言動にすることです。心が変われば、言動も変わり、貴女自身がプリンセスとなるシンデレラストーリーを作っていけることでしょう。

あとがきにかえて

公私ともに愛される女性の3つの共通点

今まで私は、日本をはじめ海外でも、多くの女性たちを拝見してきました。そのなかで、公私ともに愛されて、仕事でも活躍している女性には、次の共通点があります。

1つめは、悪口を言わないということです。私の友人で、男女問わず、人気者の女性がいます。彼女とは仕事を通じて知り合ったのですが、以来15年間、彼女が人の悪口を言うのを聞いたことがありません。だから信頼して心を開いてお付き合いができます。白馬の王子様を待っている女性はたくさんいますが、白馬の王子様に選んでもらえる自分磨きは大切です。愚痴は言っても悪口は言わないその友人のあだ名は、「姫」。やはりプリンセスも人様の悪口は言わないでしょう。でも、愚痴は言ってもいいと思います。愚痴は、「自分」に対する感情だからです。大いに愚痴ってストレス発散をしましょう。一方、悪口は相手に向けたもの。だからNGなのです。

2つめは、感じ良く「はい！」と返事をします。「はい」と気持ちの良い返事ができる女性は、ピュアで素直な美しさを兼ね備えています。例えば、彼から名前を呼ばれたら、「なに？」ではなく、第一声は「はい♡」それから「なに？」と言うのです。いかがですか？　もし、私が彼だったら、長年付き合っている彼女だとしても、その「はい♡」にドキッとします。女性は美しさも大切ですが、いくつになっても、キュートであることも必要です。素直でピュアな人は"So cute!""Lovely!"と褒めてもらえます。

3つめは、後悔をしません。何事も自分の責任において、後悔をしないよう、全力で物事に取り組みます。表面的には、いつも微笑み、深く大きな愛で人々を包み込んでくださるプリンセス。その熱意を表に出すことはなくても、心の奥底に、凛とした美しい強さをもち決して後悔のない生き方をしているのが、プリンセスなのです。

人生は、選択と学びの連続です。辛いこと、苦しいことも、すべての経験は貴女にとって必要な学び。その学びを素直に受け入れ、感謝できたとき、貴女の未来は光り輝き、白馬の王子様や、ビジネスでの成功、充実感ある人生が待っています。

世界屈指の英国マナーハウス クリムデンのテラスにて

西出ひろ子

西出ひろ子

Hiroko Nishide

国内外の企業の人財育成やコンサルティングを手がけ、ＮＨＫ大河ドラマなどのドラマや映画での有名女優や俳優へのマナー指導、テレビ番組出演も多数。人生を好転させる生き方として「真心マナー®」を世界に発信。海外では、日本のしきたりなどの和文化マナーの指導も行う。一方、海外一流社交界デビュー講座など内面外面の美しい女性育成にも注力している。著書累計は１００万部を超える。

スペシャルサンクス　松田さと子　川道映里
吉村まどか　金森たかこ
岡澤ひとみ　新井順姫

ブックデザイン　井上大輔（GRID CO.,LTD.）

イラスト　さとうあゆみ

運命を味方につけるプリンセスマナー

２０１８年９月20日　初版印刷
２０１８年９月30日　初版発行

著者　西出ひろ子
発行者　小野寺優
発行所　株式会社河出書房新社
〒１５１－００５１
東京都渋谷区千駄ヶ谷２－32－２
電話　０３－３４０４－１２０１（営業）
　　　０３－３４０４－８６１１（編集）
http://www.kawade.co.jp/

組版　井上大輔（GRID CO.,LTD.）

印刷・製本　図書印刷株式会社

Printed in Japan　ISBN978-4-309-27944-2